Edition KWV

Die „Edition KWV" beinhaltet hochwertige Werke aus dem Bereich der Wirtschaftswissenschaften. Alle Werke in der Reihe erschienen ursprünglich im Kölner Wissenschaftsverlag, dessen Programm Springer Gabler 2018 übernommen hat.

Weitere Bände in der Reihe http://www.springer.com/series/16033

Stefan Spörrer

Business Continuity Management

ISO 22301 und weitere Normen im
Rahmen der Informationstechnologie

Stefan Spörrer
CDS SYSTEME® GmbH & Co. KG
Regen, Deutschland

Bis 2018 erschien der Titel im Kölner Wissenschaftsverlag, Köln

Edition KWV
ISBN 978-3-658-23402-7   ISBN 978-3-658-23403-4   (eBook)
https://doi.org/10.1007/978-3-658-23403-4

Die Deutsche Nationalbibliothek verzeichnet diese Publikation in der Deutschen Nationalbibliografie; detaillierte bibliografische Daten sind im Internet über http://dnb.d-nb.de abrufbar.

Springer Gabler
© Springer Fachmedien Wiesbaden GmbH, ein Teil von Springer Nature 2014, Nachdruck 2018
Ursprünglich erschienen bei Kölner Wissenschaftsverlag, Köln, 2014

Springer Gabler ist ein Imprint der eingetragenen Gesellschaft Springer Fachmedien Wiesbaden GmbH und ist ein Teil von Springer Nature
Die Anschrift der Gesellschaft ist: Abraham-Lincoln-Str. 46, 65189 Wiesbaden, Germany

VORWORT

Unserer Wirtschaft geht es derzeit ausgezeichnet, wenn man den Medien und den Verlautbarungen der Unternehmen in Deutschland Glauben schenken kann. Für ein Unternehmen ist der größte Feind in der Zukunft der Erfolg in der Gegenwart. Unternehmer haben die Verantwortung für ihre Organisation, die Betriebskontinuität beim Eintritt potenzieller Gefahren sicherzustellen. Business Continuity Management soll neben dem Rahmen für die Identifizierung möglicher Schäden auch für die organisatorischen Möglichkeiten sorgen, um mit diesen Gefahren im Worst Case umgehen zu können. Mit der Einführung und Umsetzung eines BCM ist gewährleistet, dass die Interessen sowohl von Stakeholdern, der allgemeinen Reputation, der Marke, der Mitarbeiter als auch wertschöpfender Aktivitäten geschützt werden. Die ISO 22301 stellt erstmalig eine weltweit gültige und zertifizierbare Norm für das Business Continuity Management zur Verfügung.

Stefan Spörrer

Regen, im März 2014

Inhaltsverzeichnis

Abbildungsverzeichnis

Tabellenverzeichnis

1 Einleitung

Am 14. Mai 2012 hat das International Organization for Standardization (ISO) die neue Norm ISO 22301 für das Business Continuity Management veröffentlicht. Hiermit steht erstmalig eine weltweit gültige und zertifizierbare Norm für das Business Continuity Management zur Verfügung. Dies wird zum Anlass genommen, Unternehmen und ausgewählte Prozesse in Hinblick auf Business Continuity kritisch zu betrachten und die neue Norm ISO 22301 zu beschreiben. Schwerpunkte werden abhängig vom Thema im Bereich Informationstechnologie (IT) gesetzt. Es soll gezeigt werden, inwieweit die Bereiche Notfall-, Krisen- und Kontinuitätsmanagement (Business Continuity) in Unternehmen bereits umgesetzt wird und welchen Einfluss dies auf die Nachhaltigkeit des Bestehens eines Unternehmens hat.

Unternehmerische Tätigkeit ist nach Romeike mit Unsicherheiten verbunden. Die totale Sicherheit kann nie das originäre Ziel eines Unternehmens sein, da ein Unternehmen ohne die Übernahme von Risiken nicht existieren könnte. Ziel eines Unternehmens kann es daher nicht sein, das maximale, sondern vielmehr ein unter betriebswirtschaftlichen Gesichtspunkten optimales Sicherheitsniveau anzustreben.[1]

Romeike vergleicht einen effizienten Risiko-Management-Prozess mit Netzwerkstrukturen, die anpassungsfähig und flexibel sind, gemeinsame Ziele haben, Hierarchien vermeiden, zudem skalierbar und außerordentlich überlebensfähig sind. Das strategische Risiko-Management bildet die integrative Klammer und das Fundament des gesamten Risikoprozesses. Es beinhaltet vor allem die Formulierung von Risikomanagement-Zielen in Form einer „Risikopolitik" sowie die Definitionen der Aufbau- und Ablauforganisation des Risikomanagements. Das operative Risiko-Management beinhaltet den Prozess der systematischen und der laufenden Risikoanalyse der Geschäftsabläu-

---

[1] Vgl. Romeike, F./Hager, P. (2009): Erfolgsfaktor Risiko-Management 2.0, S. 115

© Springer Fachmedien Wiesbaden GmbH, ein Teil von Springer Nature 2014
S. Spörrer, *Business Continuity Management*, Edition KWV,
https://doi.org/10.1007/978-3-658-23403-4_1

fe.[2] Risikomanagement wird in Ansätzen in vielen Unternehmen gelebt. Auch wenn beide Begriffe namentlich nicht genannt wurden. Nachfolgend sollen Ziele in den Bereichen Notfall-, Krisen- und Kontinuitätsmanagement für ein Unternehmen angesprochen werden. Mithilfe von Betrachtungen und Analysen sollen Leitlinien und Handlungsempfehlungen für Unternehmen im Bereich Informationstechnologie erarbeitet werden.

Ausfälle in der Informationstechnologie (IT) schlagen sich direkt in den Kosten eines Unternehmens nieder. Systemreparaturen kosten den Unternehmen mit 263.347 EURO durchschnittlich 13,5% des jährlichen IT-Budgets laut einer Marktforschung von Coleman Parks und verschlingen damit wichtige Ressourcen. Über 17,7 Milliarden Euro Umsatz büßen allein europäische Firmen jährlich wegen fehlerhafter Systeme ein. Vor allem beim Data Recovery, der Wiederherstellung wichtiger Unternehmensdaten, geht unnötig viel wertvolle Zeit verloren, die durch optimierten Datenschutz, insbesondere bei der Datenwiederherstellung, eingespart werden könnte. Je länger die Ausfallzeiten sind, desto weiter steigen die damit verbundenen Kosten und Verluste. Im Durchschnitt verzeichnen die europäischen Betriebe 14 Stunden an IT-Ausfallzeit, insgesamt knapp eine Million Stunden in Gesamteuropa. Zudem generieren die Unternehmen bei Stillstand „unternehmenswichtiger Systeme" beinahe ein Drittel weniger Umsatz. Auch nach einer Datenwiederherstellung inklusive Hochfahren der IT-Systeme und abgeschlossener Wiederherstellung der Funktionsfähigkeit gehen zusätzliche 4,2 Stunden pro Unternehmen und somit 630.000 Stunden europaweit an produktiver Arbeit verloren.[3]

Business Continuity Maßnahmen sollen helfen, Betriebsstörungen effektiv zu reduzieren. Dazu zählen unter anderem Naturkatastrophen, IT-Ausfälle und Streiks. Betriebsstörungen umfassen auch Krankheitsausfälle oder lokale Er-

---

[2] Vgl. Romeike, F./Hager, P. (2009): Erfolgsfaktor Risiko-Management 2.0, S. 115
[3] Vgl. Schmitz, H. (2010): CC2: Ausfall der IT-Systeme – wertvolle Arbeitszeit.

eignisse, die zum Beispiel die Lieferkette beeinträchtigen. Betriebe und Organisationen schädigen ihren Ruf und verlieren Kunden und das Vertrauen der Lieferanten, weil sie nicht in der Lage sind, angemessen auf unerwartete Betriebsstörungen zu reagieren.

Business Continuity Management (BCM) stellt eine Rahmenstruktur bereit, die es ermöglicht, potenzielle Bedrohungen für die Organisation zu identifizieren. Es sollen Kapazitäten aufgebaut werden, um geeignete Maßnahmen zum Schutz der Interessen der Geschäftspartner und der eigenen Reputation umzusetzen. Auf Bedrohungen soll angemessen reagiert werden können, um diesen effektiv entgegen zu wirken. Die Einführung der ISO 22301 ist für Unternehmen der erste Schritt.

Die ISO-Norm 22301 mit insgesamt zehn Kapiteln ersetzt den bis dato einzigen zertifizierbaren und originär für Großbritannien gedachten Standard BS 25999-2. Sie ist auf alle Organisationen jeder Größe weltweit anwendbar. Das gilt sowohl für den öffentlichen als auch für den privaten Sektor. Der Managementprozess für Ausfallsicherheit nach der ISO 22301 soll die damit verbundenen Risiken minimieren. Organisation und Unternehmen werden in dieser Arbeit synonym verwendet. Kapitel 9.1 im Anhang befasst sich mit der Terminologie von Business Continuity Management und der Norm ISO 22301.

2 Notfall-, Krisen- und Kontinuitätsmanagement

Das Kontinuitätsmanagement an sich sollte rechtzeitig in einem Unternehmen umgesetzt sein, sodass Notfall und Krisen erst gar nicht eintreten. Sollte es passieren, muss jeder Betroffene durch das Notfallmanagement wissen, wie er zu reagieren hat. Jede vorher festgelegte Vorgehensweise erleichtert die Maßnahmen während eines Notfalls. Der interne und externe Umgang des Notfalls ist mithilfe eines Krisenmanagements zu regeln.

2.1 Rechtliche Grundlagen

Als rechtliche Grundlagen werden das Gesetz zur Kontrolle und Transparenz im Unternehmensbereich (KonTraG) und der Deutsche Corporate Governance Codex (DCGK) angeführt.

In § 91 Abs. 2 AktG steht: „Der Vorstand hat geeignete Maßnahmen zu treffen, insbesondere ein Überwachungssystem einzurichten, damit die den Fortbestand der Gesellschaft gefährdenden Entwicklungen früh erkannt werden."[4]

Nach Lorenz gibt es dazu zwar „keine Entsprechung im GmbH- oder Personengesellschaftsrecht, aber die Vorschrift hat ausweislich der Gesetzesbegründung eine ‚Ausstrahlwirkung' auf andere Gesellschaftsformen."[5]

Auch im HGB ist in § 289 Abs. 1 Satz 4 von der Risikobeurteilung die Rede: „Ferner ist im Lagebericht die voraussichtliche Entwicklung mit ihren wesentlichen Chancen und Risiken zu beurteilen und zu erläutern; zugrunde liegende Annahmen sind anzugeben". Satz 5 weist zudem noch explizit auf die Beschreibung der wesentlichen Chancen und Risiken im Sinne des Satzes 4 hin.[6]

---

[4] Aus: Aktiengesetz und GmbH-Gesetz: Beck-Texte im dtv, 44. Auflage 2012, S. 35.
[5] Vgl. Lorenz, M. (2002): Rechtliche Grundlagen des Risikomanagements. Juristische Rahmenbedingungen für den Aufbau und die Ausgestaltung von Risikomanagementsystemen in deutschen Unternehmen, in: Zeitschrift Risk, Fraud & Governance (ZRFG), 01/2002, S. 5.
[6] Aus: Handelsgesetzbuch, Beck-Texte im dtv, 53. Auflage, 2012, S. 79

© Springer Fachmedien Wiesbaden GmbH, ein Teil von Springer Nature 2014
S. Spörrer, *Business Continuity Management*, Edition KWV,
https://doi.org/10.1007/978-3-658-23403-4_2

Der DCGK[7] gilt für börsenorientierte Unternehmen, es wird aber im Schluss der Präambel die Beachtung auch für nicht börsenorientierte Unternehmen ausdrücklich empfohlen. Der Deutsche Corporate Governance Kodex versteht unter Compliance die Einhaltung der gesetzlichen Bestimmungen und der unternehmerischen Richtlinien.

Daneben sind die gesetzlichen Anforderungen des Transparenz- und Publizitätsgesetzes (TransPuG) und der Corporate Governance zu beachten. Durch mehr Transparenz sollen Schwächen, wie Verhaltensfehlsteuerungen im deutschen System der Corporate Governance, behoben werden.[8] Dabei kann zwischen einer streng juristischen und einer betriebswirtschaftlichen Auffassung unterschieden werden.[9] Betriebswirtschaftlich betrachtet soll die Einführung eines umfassenden Systems im Business Kontinuitätsmanagement eine Früherkennung möglich machen, um sämtliche Prozesse und Geschäftsvorfälle auf ihr jeweiliges Potenzial zu bestandsgefährdenden Entwicklungen erfassen und beurteilen zu können. Rechtlich betrachtet existiert die gesetzliche Notwendigkeit, die für sich alleine durch ein einzurichtendes Überwachungssystem nur die Maßnahmen zur rechtzeitigen Erkennung auf ihre Eignung überwacht werden.[10] Technische, betriebswirtschaftliche und rechtliche Aspekte haben Auswirkungen auf die zukünftige Unternehmensfinanzierung, da Banken seit Jahren ihre Abteilungen in diesen Bereichen personell verstärken (Basel III[11]).

Die vier Grundelemente jeder Compliance-Organisation sind Risiken erkennen, Ziele festlegen, die Umsetzung und die Kontrolle. Unterstützend wirkt dabei die Compliance-Kultur, mit der sich Vorgesetzte als auch Mitarbeiter

---

[7] DCGK (2012): Deutscher Corporate Governance Kodex, http://www.corporate-governance-code.de/ger/kodex/1.html, in der Fassung vom 15.05.2012.
[8] Vgl. Kollmann, K. (2003), Aktuelle Corporate-Governance-Diskussion in Deutschland, S. 5 f.
[9] Vgl. Theissen, M. R. (2003): Risikomanagement als Herausforderung für die Corporate Governance, in: Betriebs-Berater, Heft 27, S. 1427
[10] Vgl. Weber, S. C. (2000): Ausgestaltung des Risikomanagements in mittelständischen Unternehmen, in: Betriebs-Berater, Heft 51, 2000
[11] Basel III: Reformpaket des bestehenden Bankenregulierungspakets Basel II in 2010

identifizieren können.[12] Die wichtigsten Punkte dazu werden sich in der ISO 22301 wiederfinden.

Zur Erfüllung dieser gesetzlichen oder behördlichen Forderungen oder von Forderungen aus den Bereichen Kunden und Lieferanten haben viele Unternehmen bereits ein Risikomanagement aufgebaut. BCM grenzt sich jedoch wie folgt vom herkömmlichen Risikomanagement ab. Es konzentriert sich auf die überlebensentscheidenden Aspekte mit dem eindeutigen Ziel, nach einem bedeutenden Vorfall zunächst die Überlebensfähigkeit und schnellstmöglich den Normalzustand der Organisation wieder herzustellen.

2.2   Historische Entwicklung

Durch die Prozesse des Bereichs Servicebereitstellung (Service Delivery) werden die Gestaltung, die Planung, die Vereinbarung, die Überwachung und die Optimierung der IT-Services gesteuert. Im Vergleich zur Serviceunterstützung werden strategische Fragen des Servicemanagements betrachtet. Die Prozesse der Servicebereitstellung sind

- Service-Level-Management,

- Finanzmanagement (Financial Management),

- Kapazitätsmanagement (Capacity Management),

- Verfügbarkeitsmanagement (Availability Management) und

- Kontinuitätsmanagement (Continuity Management).[13]

BCM (Business Continuity Management) ist seit Mitte der 90´er-Jahre ein Begriff. Seitdem wird es kontinuierlich weiterentwickelt. Der erste Standard war um 1995 der NFPA 1600. Erst 2006 wurde in England der erste offizielle

---

[12] Vgl. Fallenstein, D. (2012): Compliance-Klauseln, Compliance-Vertrag und AGB im unternehmerischen Geschäftsverkehr, S. 10ff.
[13] Vgl. Johannsen, W./Goeken, M.(2007): Referenzmodell für IT-Governance: Strategische Effektivität und Effizienz mit COBIT, ITIL & Co., S. 162.

Standard für den Aufbau eines Managementsystems für das betriebliche Kontinuitätsmanagement veröffentlicht. Hier fehlten noch konkrete Maßnahmenkataloge. 2007 kam der Standard BS 25999-2 mit seinem zweiten Teil hinzu. Inhalt waren die Punkte, die zur Zertifizierung eines BCMS vorhanden sein müssen. Obwohl für Großbritannien verbindlich vorgeschrieben, wurde der Standard schnell weltweit verwendet. Die ISO 22301:2012 ist die erste weltweit gültige Norm. Die Abbildung 1 zeigt eine Historie der Standards und Normen im Bereich BCM von 1995 bis 2012.

2.3 Notfallmanagement/Krisenmanagement/ Kontinuitätsmanagement

Das Themenfeld ist in seinem Umfang sehr breit. Es beinhaltet betriebswirtschaftliche, technische und rechtliche Aspekte. Notfallmanagement und Krisenmanagement befassen sich mit dem Notfall und der Krise, falls Ereignisse bereits eingetreten sind. Das Kontinuitätsmanagement hält dazu an, sich bereits im Vorfeld über etwaige Vorfälle Gedanken zu machen, und wie diese Geschehnisse am besten zu bewältigen sind.

Extreme Umweltereignisse, wie die Hochwasserschäden in einigen Regionen in Deutschland im Mai 2013, zeigen, wie schnell Geschäftsabläufe empfindlich gestört und Unternehmensexistenzen vernichten werden, da Betriebe in gefährdeten Bereichen zudem nicht mehr gegen Hochwasser (Elementarversicherung) versicherbar sind. In Regionen mit Stufe 4 wird eine Versicherung gegen Hochwasserschäden nicht verkauft.

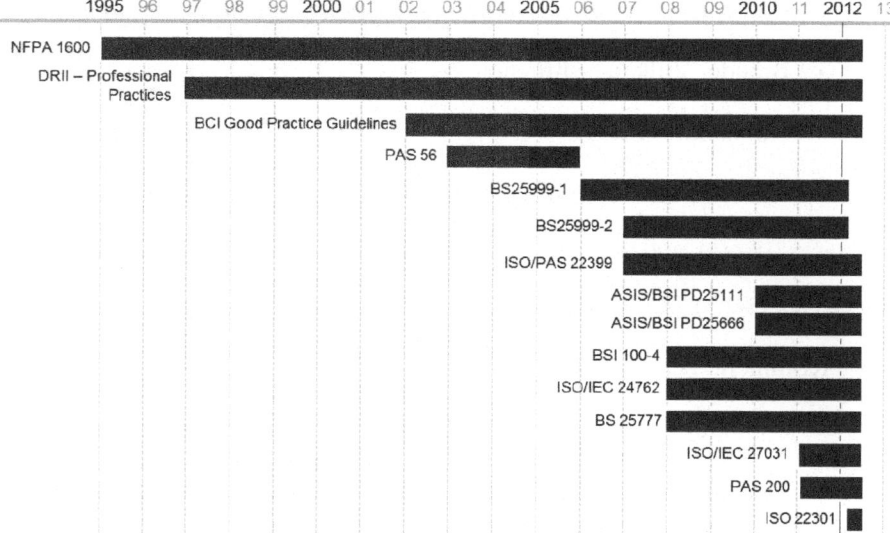

Abbildung 1: Historie der Standards und Normen BCM 1995 bis 2012[14]

Grundsätzlich gilt es, Störungen des Geschäftsbetriebs zu vermeiden. Mit der Herausgabe eines neuen internationalen Standards für Business Continuity Management (BCM), der ISO 22301, einer Weiterentwicklung des britischen Standard BS 25999, macht der BSI darauf aufmerksam, dass neben der Stagnation der Weltwirtschaft, politischen Unruhen und der Staatsschuldenkrise verantwortungsvolle Unternehmer sicherstellen müssen, dass sie auf alle für den eigenen Betrieb relevanten sozialen, politischen und wirtschaftlichen Bedrohungen vorbereitet sind.

In der folgenden Aufzählung sind als Beispiele mögliche Gründe für Notfallszenarien gesammelt, die mit Unterstützung eines sinnvollen Business Continuity Management Systems bearbeitet werden können. Grundlegende Notfallszenarien sind im versicherungstechnischen als auch im rechtlichen Bereich folgende Ereignisse, die der höheren Gewalt zuzuordnen sind:

- Höhere Gewalt[15] durch:

---

[14] Hisolutions (2013): Highlights der ISO 22301:2012..

- Erdbeben, Tornados, Stürme, Orkane und Überschwemmungen,

- Brände, Vulkanausbrüche,

- Aufstände, Krieg,

- teilweise auch technische Defekte

Unter Umständen können Versicherungen (sogenannte Elementarversicherungen) abgeschlossen werden.

- Kriminelle Handlungen[16] durch:

  - (Computer-) Sabotage (§303b StGB[17]),

  - Datendiebstahl und Ausspähen von Daten (§202a StGB),

  - (Computer-)Betrug (§263a StGB),

  - Fälschung technischer Aufzeichnungen (§268 StGB),

  - Datenveränderung (§303a StGB)

- Betriebsstörungen durch

  - Ausfall der IT, wie Server, Software, Dienste und Netzwerk,

  - Produktionsfehler,

  - Streik,

  - Zerstörung von Arbeits- und Produktionsstätten

Betriebsspezifische Notfallszenarien:

- Auswirkung auf Finanzen durch:

  - Engpass in der Liquidität,

  - Umsatzeinbruch,

---

[15] Definition Höhere Gewalt: Diese liegt vor, sobald ein betriebsfremdes, von außen durch Naturkräfte oder durch Handlungen Dritter herbeigeführtes Ereignis eintritt, das nach menschlicher Einsicht und Erfahrung nahezu unvorhersehbar ist und auch durch den Einsatz äußerster Sorgfalt nicht verhindert werden kann. Quelle: http://www.rechtswoerterbuch.de/recht/h/hoehere-gewalt/
[16] Kriminalität: Sämtliche Rechtsverletzungen von strafrechtlichen Tatbeständen
[17] StGB: Strafgesetzbuch

- weitere unvorhergesehene Ereignisse
- Lagerverwaltung durch:
  - Zerstörung der Ware,
  - falsche Lagerbestandsberechnung,
  - Kontaminierung
- Beeinträchtigung oder Veränderung an der Unternehmensspitze durch
  - Affäre,
  - Tod,
  - Arbeitsunfähigkeit oder Burn-out,
  - Entführung,
  - Streit

Der BSI hat dazu die fünf wichtigsten Management-Tipps veröffentlicht, die ein Maßnahmenkonzept skizzieren gegen Probleme, wie Streiks, Ausfall von Lieferkette, politische Unruhen und Kundenverlust. Die Erarbeitung einer Business-Continuity– und Überlebensstrategie ist essenziell, um Bedrohungen zu vermeiden und führt die Liste der Tipps an, die ein international renommiertes Expertenteam vorschlägt. Die Unternehmensleitung sollte nicht nur auf die internen Prozesse schauen, sondern auch das Management der wichtigsten Zulieferer im Auge haben. Nach Meinung des BSI testen noch zu wenige Unternehmen ihr BCM. Unabhängig von der Größe muss die Umsetzung der Pläne trainiert werden.[18]

Die Studie „Planning for the worst – The 2012 Business Continuity Management Survey", herausgegeben im März 2012, zeigt deutlich auf, dass Organisationen mit BC-Plänen klare Vorteile haben, wenn es darum geht, mit kriti-

---

[18] BSI(2012a): BSI: Störungen des Geschäftsbetriebs vermeiden: Presseinformation vom Juli 2012, www.bsigroup.de, S. 1

schen Vorfällen umzugehen und Krisen zu bewältigen. Von denen, die im Jahr 2011 BCM-Pläne aktivieren mussten, sagten 82 Prozent, BCM ermögliche es ihnen, viel schneller zum normalen Betrieb zurückzukehren, als es sonst möglich gewesen wäre. Und 81 Prozent berichteten, dass es dadurch insgesamt weniger Unterbrechungen gab. Der CMI-Report zeigt, dass nur 22 Prozent der Organisationen ein vollständiges Notfall-Szenario durchführen, um den BCM-Plan zu testen.[19]

Immer mehr Unternehmen beabsichtigen, bisher intern gelöste Aufgaben an externe Dienstleister zu übergeben. Compliance bedeutet auch, dass ein Unternehmer dafür Sorge tragen muss, im Zweifel Kompetenzen extern zu vergeben, falls er im eigenen Unternehmen nicht die passenden oder qualifizierten Ressourcen bereitstellen kann. Dazu gehören Risiken im Informations- und Telekommunikationsbereich. Der Prozess des IT-Risikomanagements ist charakterisiert durch die Kenntnisse aller Pflichten des Unternehmers und aller Mitarbeiter. Weiter beinhaltet es die Beachtung der Umsetzung dieser Anforderungen sowie deren Dokumentation. Auch die Beobachtung neu hinzukommender Pflichten ist als wichtiger Bestandteil zu erachten.[20]

Die Herausforderungen an das Kontinuitätsmanagement bestehen im Eintritt von Ereignissen, welche die Services beziehungsweise Anwendungssysteme und damit auch die Prozesse eines Unternehmens so stark beeinträchtigen, dass diese nicht oder nur mit erheblichem Aufwand weitergeführt werden können. Dies kann für Unternehmen innerhalb kürzester Zeit zu hohen Verlusten führen. Ursachen dafür können Naturkatastrophen[21], Anschläge oder

---

[19] Vgl. BSI(2012a): BSI: Störungen des Geschäftsbetriebs vermeiden: Presseinformation vom Juli 2012, www.bsigroup.de, S. 2.

[20] Vgl. Scherer, J./Mühlbauer, A./Unterwiener, F./u.a. (2007): Den Rücken frei: No risk, much fun! Praxiswissen Risikomanagement und Compliancemanagement. 1. Auflage, Deggendorf, RTW Medien, S. 10.

[21] Zeit Online (2013): Hochwasserschäden 2013 entlang der Donau: Firmenbesitzer bangen um ihre Existenz.

Ausfälle von Infrastrukturen sein[22]. Die Hauptaufgabe des Kontinuitätsmanagement ist es, in einem solchen Fall die Wiederaufnahme der IT-Prozesse zu ermöglichen. Als Zeitmaß gelten die in den Service Level Agreements (SLA) definierten Zeiträume, in denen eine Störung beseitigt werden soll. Hierbei orientiert man sich an die im Vorfeld erstellten Sicherungs- und Notfallpläne. Die Berücksichtigung aller IT-Services ist dabei weder zielführend noch finanziell tragbar. Daher sind über eine Risikoanalyse die kritischen IT-Prozesse zu identifizieren und geeignete Maßnahmen zur Risikominimierung einzuleiten. Ziel ist es, ein vertretbares Verhältnis zwischen Risiko und Kosten zu wahren. Versicherungs- und Kooperationsverträge können Ergebnisse des Kontinuitätsmanagements sein, wenn dadurch ein definiertes Maß an Sicherheit bezüglich der Fortführung erzielt werden kann.[23]

2.4 Risikobereiche

Der Baseler Ausschuss für Bankenaufsicht stellt die Risikobereiche gemäß Tabelle 1 vor. Diese Tabelle, ursprünglich für Banken erstellt, jedoch auch für alle anderen Unternehmen passend, soll eine Übersicht bieten, wie die Gefahren zum Verständnis ihrer Ursachen und der Erleichterung der Risikostreuung eingeteilt werden.[24]

Risikobereich	Beschreibung
Äußere Faktoren	Die äußeren Faktoren umfassen alle Wechselwirkungen eines (Bank-) Unternehmens mit seinen Kunden, externen Geschäftspartnern und der Umgebung.
Prozesse	Dazu gehören alle internen Geschäfts-, Verwaltungs- und Dienstleistungsvorgänge, die von der Organisation ausgeführt werden, um ihre Aufgaben einschließlich ihrer internen Wechselwirkungen zu erfüllen (wie „Materialfluss").

---

[22] Wecowi (2011): Am 11.09.2011 in New York: Auch die Befehlsinfrastruktur der New Yorker Feuerwehr (FDNY) wurde durch Trümmerschäden in der Folge des Anschlags zerstört.
[23] Vgl. Johannsen, W./Goeken, M.(2007): Referenzmodell für IT-Governance: Strategische Effektivität und Effizienz mit COBIT, ITIL & Co., S. 164.
[24] Vgl. Schettler, H./Wieczorek, M. J./Philipp, M. (2003) in: Wieczorek, M./Naujoks, U./Bartellt, B. (Hrsg.): Business Continuity, IT Risk Management for international corporations, S. 8

Systeme	Dieser Bereich betrifft die technische Infrastruktur zur Ausführung der (Bank-) Vorgänge, insbesondere der Einrichtungen der Informationstechnologie- und Telekommunikations-Infrastruktur, wie Geschäftsgrundstücke, Gebäude und die dazugehörige Technik. Die „Systeme" werden nicht nur im Sinne der IT sondern auch in einer weitläufigeren Bedeutung interpretiert.
Personen	Dieser Bereich betrifft alle Personen, die das Geschäft der Bankorganisation ausüben, von der Geschäftsführung bis zur ausführenden Ebene.

Tabelle 1: Risikobereiche nach dem Baseler Ausschuss für Bankenaufsicht[25]

2.5 IT-Compliance und IT-Governance

Als Teilbereich der Complianceanstrengungen im Unternehmen müssen Informationen und Informationstechnologie (IT) betrachtet werden. Damit wird der steigenden Relevanz der betrieblichen Ressource Information als Produktions- und Wettbewerbsfaktor Rechnung getragen. Es ist zu erwarten, dass zukünftig weitere gesetzliche und regulatorische Vorgaben mit Bezug zur IT auf Unternehmen einwirken werden. Konsolidierungsbestrebungen in Branchen mit hoher Regelungsdichte können den quantitativen Anstieg relevanter Normen in global tätigen Unternehmen bisher bei Weitem nicht kompensieren.[26] Die Führungsorganisationen jedes Unternehmens unterliegen einer Vielzahl gesetzlicher Vorschriften. Da die Gesetzgeber in den einzelnen Ländern hier unterschiedliche Absichten verfolgen, oft auch entwicklungstechnisch bedingt, sind zudem auch die Möglichkeiten zur Ausgestaltung einer Führungsorganisation abhängig vom Corporate-Governance-System unterschiedlich ausgeprägt, aber im Ziel einheitlich.[27]

Der Begriff Governance bezeichnet Standards beziehungsweise spezielle Anforderungen und Rahmenbedingungen für Strukturen und Prozesse der Füh-

---

[25] Vgl. Schettler, H./Wieczorek, M. J./Philipp, M. (2003) in: Wieczorek, M./Naujoks, U./Bartellt, B. (Hrsg.): Business Continuity, IT Risk Management for international corporations, S. 8.
[26] Vgl. Falk, M. IT-Compliance in der Corporate Governance: Anforderungen und Umsetzung, S. 94ff.
[27] Vgl. Müller-Stewens, G./Lechner, C. (2003): Strategisches Management: Wie strategische Initiativen zum Wandel führen, 2. Auflage, S. 498.

rung, der Verwaltung und der Überwachung börsennotierter Unternehmen. Corporate Governance in Deutschland stützt sich auf die Unternehmensgesetze, KonTraG, Handelsrecht, Steuerrecht, den Verbraucherschutz und den Datenschutz.

Mit Corporate Compliance wird eine Erweiterung des Gedankens bezüglich Compliance um einen unternehmensweiten, integrativen Ansatz vorgenommen. Dessen Ziel ist letztendlich eine effiziente Unternehmensführung, und zwar im Hinblick auf gesetzestreues, nachhaltiges, risiko- und wertorientiertes sowie ethisch einwandfreies Wirtschaften.[28]

Das wirtschaftliche Handeln mit den Normen in Einklang zu bringen, bleibt ein gültiges und doch häufig verletztes Anliegen. Mit zahlreichen staatlichen und einzelwirtschaftlichen Initiativen zu Compliance und Governance sollen Vorkommnisse erschwert und gar verhindert werden. Während Governance von den Handelnden selbst gesteckte Vorgaben umfasst, handelt es sich bei Compliance um regulatorische oder gesetzliche Auflagen. Für die IT ist dieser Unterschied nicht wesentlich. Ohne Zweifel hat der heutige Automatisierungsgrad der Geschäftsprozesse die IT zu einer Angriffsfläche für Verletzungen der Compliance und Governance werden lassen, da die Ausrichtung der IT an betriebswirtschaftlichen Zielen in der Praxis häufig mit einer Vernachlässigung von Kontrollzielen einhergeht. Eine Veränderung dieser Prioritäten ist Gegenstand der IT-Compliance. Nicht nur in den USA sondern auch in Europa und Japan entstehen Regelwerke wie SOX (Sarbanes-Oxley Act), Basel II und bald Basel III sowie Solvency II, welche den Unternehmen die Bestimmung von Kontrollzielen und Risikobewertungen vorschreiben. Die technische Umsetzung einer solchen IT-Compliance bleibt dabei in der Verantwortung der Unternehmen selbst. Prüfungen der Einhaltung von Compliance-Vorschriften sind heute meist noch überwiegend manuelle Vorgänge,

---

[28] Vgl. Menzies, C. (2006): Sarbanes-Oxley und Corporate Compliance: Nachhaltigkeit, Optimierung, Integration, Kap. 1, S. 2.

die im besten Falle unter Verwendung von sogenannten Rahmenwerken, wie COBIT (Control Objectives for Information and Related Technology) oder ITIL (IT Infrastructure Library) durchgeführt werden.[29]

CobiT (Control Objectives for Information and related Technology) ist ein Verfahren zur Unterstützung der IT-Governance und gliedert die Aufgaben der IT in Prozesse und Control Objectives (Regelziele). CobiT verfolgt ähnlich der ISO 27001 einen Top-Down Ansatz, bei dem ausgehend von den Geschäftszielen IT-Ziele festgelegt werden, welche wiederum die IT-Architektur beeinflussen. CobiT nimmt für sich in Anspruch, ein integriertes Modell zu sein, welches die Anforderungen sämtlicher verbreiteter Modelle für die IT-Organisation in einem Reifegradmodell integriert.[30] CobiT wurde 1985 vom internationalen Verband der IT-Prüfer (ISACA[31]) als Grundlage für IT-Prüfungen veröffentlicht. Es wurde aus COSO entwickelt, das ebenfalls ein Modell zur complianceorientierten Managementstruktur des gesamten Unternehmens darstellt. In den letzten Jahren hat sich CobiT von einem Werkzeug für Auditoren zu einem Werkzeug für die Steuerung und Kontrolle der IT aus Unternehmenssicht entwickelt und wird als Instrument für die Compliance von SOX und vielen anderen globalen Standards verwendet.[32]

IT-Compliance und IT-Governance bedeuten für viele Führungskräfte eine ernst zu nehmende persönliche Bedrohung. Sie könnten wegen einer nicht delegierbaren Prozessverantwortung für Verletzungen und Schäden persönlich haftbar sein. Rahmenwerke wie CobiT sind vergleichbar mit Schlössern an einer Tür. Diese erschweren das Eindringen in einen Raum, machen es aber nicht unmöglich. Weiter gedacht sind intakte Schlösser kein Beweis da-

---

[29] Vgl. Müller, G./Terzidis, O. (2008): IT-Compliance und IT-Governance, DOI 10.1007/s11576-008-0074-5, in: Wirtschaftsinformatik, WI-EDITORIAL, Oktober 2008, Folge 50, S. 341f.
[30] Vgl. Kersten, H./Reuter, J./Schröder, K.-W. (2011): IT-Sicherheitsmanagement nach ISO 27001 und Grundschutz: Der Weg zur Zertifizierung, 3. Auflage. Wiesbaden: Vieweg + Teubner, S. 8.
[31] ISACA (2013): Informations Systems Audit and Control Association.
[32] Vgl. Reiss, M./Reiss, G. (2010): Praxisbuch: IT-Dokumentation: Betriebshandbuch, Projektdokumentation und Notfallhandbuch im Griff, S. 60f.

für, dass jemand im Raum war. Compliance und Governance verlangen nach einem dauerhaft anwesenden Wächter, der in der Lage ist, die Aktivitäten auf ihre Übereinstimmung mit Compliance- und Governance-Anforderungen permanent zu überprüfen.[33]

Um IT-Compliance in der vorliegenden Arbeit als Teilbereich von Compliance zu positionieren, wird folgende Definition verwendet: „IT-Compliance bezeichnet den Zustand der Anforderungskonformität der IT selbst und die Umsetzung von Anforderungskonformität mit IT-Unterstützung". Um IT-Governance in der vorliegenden Arbeit als Teilbereich der Corporate Governance zu positionieren, wird folgende Definition Verwendung finden: „IT-Governance ist ein Prozess der verantwortungsvollen Steuerung von IT, der durch transparente Regeln und Kontrollmechanismen die optimale Unterstützung der Geschäftsprozesse durch IT sicherstellt. IT-Governance befasst sich mit dem Wertbeitrag, dem IT-Risikomanagement und der IT-Compliance."[34]

In diesem Zusammenhang wird ein neuer Begriff geprägt. IT GRC steht als Abkürzung für IT Governance, Risk & Compliance Management.

Die Norm ISO 22301 könnte ein passendes Schirm-Rahmenwerk sein, das alle bisherigen Bestrebungen und Normen unterstützend und übergreifend unter einen Hut bringen kann, inklusive wiederkehrender Prüfungen.

2.6 Problembereiche in der Informationstechnologie

Neben IT-Sicherheit mit IT-Datenschutz, Datensicherheit und sonstiger physikalischer Risiken sind auch die Haftungsrisiken für Administratoren zu nennen. Selbst in kleinen Unternehmen spielt die IT heute eine geschäftskritische Rolle. Administratoren müssen als ausführende Organe Zugriffsrechte verge-

---

[33] Vgl. Müller, G./Terzidis, O. (2008): IT-Compliance und IT-Governance, DOI 10.1007/s11576-008-0074-5, in: Wirtschaftsinformatik, WI-EDITORIAL, Oktober 2008, Folge 50, S. 341f.
[34] Falk, M. (2012): IT-Compliance in der Corporate Governance: Anforderungen und Umsetzung, S. 16.

ben, Ressourcen ins Netz einbinden, Systeme warten und konfigurieren sowie Maßnahmen für deren Sicherheit ergreifen. Zwangläufig kommen Administratoren mit rechtlichen Problemen in Berührung. Dies ist in verstärktem Masse zu beachten, wenn der Geschäftsgegenstand eines Unternehmens darin besteht, IT-Leistungen gegenüber einem Dritten zu erbringen. Daraus erwachsen Regeln für die physische, logische und technische Sicherheit der IT. Außer solchen Verpflichtungen, die sich mit dem Schlagwort „Business Continuity" verbinden, spielen noch viele andere Rechtsbereiche eine Rolle. Dazu gehören folgende Konfliktfelder:

- Persönlichkeitsrecht, Recht des eingerichteten und ausgeübten Geschäftsbetriebs, Datenschutz (Umgang mit personenbezogenen Daten), Wahrung von Geschäftsgeheimnissen, Überwachungsmaßnahmen, Wahrung des Fernmeldegeheimnisses und Schutz vor Datenspionage.

- Urheberrecht: Nutzung, Vervielfältigung oder Veröffentlichung von Software, Bild-, Video- und Tonmaterial für Arbeitsplätze, Intranet und Internet-Auftritte.

- Sachbeschädigung: Datenveränderung (Löschen, Unterdrücken und Manipulieren von Daten), Computersabotage.[35]

Unterstützungsprozesse, wie die Informationstechnologie, stehen für einen nicht unerheblichen Anteil der Gesamtrisikoposition eines Unternehmens. Die häufigsten Risiken dabei sind Ausfall der IT-Infrastruktur. Da dieser Bereich sowohl in der Eigenschaft als Dienstleister wie auch für die eigenen IT-Prozesse wichtig ist, wird nachfolgend nur auf diesen Bereich eingegangen. In Kapitel 9.2 im Anhang wurden sich Gedanken zu den Aufgaben der IT mit Anregung zur individuellen Erweiterung gemacht.

---

[35] Vgl. Störing, M. (2013): Zwischen den Stühlen: Admin-Haftung, Rubrik Recht, in Magazin für Computertechnik, Heft 12 vom 21.05.2013.

Informationssysteme und deren Risiken haben bei der Unterstützung betrieblicher Geschäftsprozesse größte Bedeutung. Unternehmen sind abhängig von einer durchgehenden, wirtschaftlichen, angemessenen und sicheren Informationsverarbeitung unter Beachtung von Risk, Compliance, Datenschutz und Datensicherheit. Somit ist das Informationsmanagement gefordert, ein umfassendes Risikomanagement für alle aus seiner Verantwortung resultierenden Risiken zu gestalten, zu betreiben und den Risikomanagementprozess zu optimieren.

Nach Kütz ist auch die IT als wesentliches Element der betrieblichen Leistungsprozesse betroffen, wenn Unternehmen in eine Krise geraten. Die sich dann ergebenden Schieflagen äußern sich auf vielfältige Art und Weise. In aller Regel lassen sich die Kernprobleme in vier Bereiche gruppieren. Es existiert die Schnittstelle zwischen der IT und ihren internen Kunden, den jeweiligen Fachbereichen des Unternehmens. Die weiteren Bereiche sind die informationstechnische Infrastruktur, die Anwendungssysteme und das IT-Management. Zwischen diesen vier Bereichen gibt es vielfache Wechselwirkungen.[36]

Aus Sicht der Fachbereiche entsprechen die IT-Systeme oftmals nicht den Erwartungen. Es fehlt an Funktionalitäten, Daten müssen mehrmals oder mühsam erfasst werden (Medienbrüche) und fehlerhafte Systeme beeinträchtigen die Arbeit der Benutzer. Kommunizierte Umsetzungen dauern oft zu lange und zugesagte Termine und Kosten werden nicht eingehalten.[37]

Ein weiteres Problem besteht in der heterogenen IT-Infrastruktur. Die Systeme haben sich über Jahre hinweg entwickelt. Es gibt Insellösungen, die bis jetzt noch nicht zusammengewachsen sind. Dies ist mit zahlreichen Problemen, erhöhtem Wartungs- und Betreuungsaufwand verbunden. Es fehlt ein

---

[36] Vgl. Kütz, M. (1998): in: Restrukturierung, Sanierung, Insolvenz, Hrsg.: Buth, A. K./Hermanns, M., §12 Randnummer 3, Seite 213.
[37] Vgl. Kütz, M. (1998): in: Restrukturierung, Sanierung, Insolvenz, Hrsg.: Buth, A. K./Hermanns, M., §12 Randnummer 4, Seite 213

übergreifendes Bestandsmanagement für Hardware, Software und Betriebssysteme. Notfallpläne sind meist nur rudimentär vorhanden und erfüllen keine Anforderungen für den Katastrophenfall.[38]

Es fehlen übergreifende Anwendungsarchitekturen. Daten werden parallel und unabhängig voneinander in mehreren Geschäftsanwendungen verwaltet und teilweise von verschiedenen Stellen gepflegt. Interne Entwicklungskapazitäten sind an der Pflege der existierenden Altsysteme gebunden. Selbst entwickelte Anwendungssysteme haben meist nur unzureichende Zugriffskonzepte und sind schlecht dokumentiert. Ordnungs- und Systemprüfungen für interne Revisoren und externe Prüfer sind meist noch nicht implementiert. Datenschutz und Datensicherheit haben erst in den vergangenen Jahren an Zurkenntnisnahme bei den Verantwortlichen hinzugewonnen. Interne Kontrollsysteme gibt es nicht oder sie werden zu wenig genutzt. Releasemanagement und Versionsführung werden unzureichend umgesetzt. Darunter leiden auch Qualität und Stabilität der Systeme.[39]

Prozesse weitab vom Standard führen dazu, dass interne Personalressourcen bis zum nächsten Releasewechsel eines Systems nur damit beschäftigt sind, Systeme nachzupflegen und immerwährend anzupassen. Der Grund liegt darin, dass man sich vorab keine Gedanken darüber gemacht hat, ob es nicht sinnvoller gewesen wäre, einen vorhandenen oder anerkannten Standard zu nutzen.

Kütz spricht von einem schwachen IT-Management. In vielen Fällen sei die IT-Leitung nicht mehr handlungsfähig. Sie betreibe permanentes Krisenmanagement. Eine IT-Strategie und IT-Langzeitplanung gibt es nicht. Es wird immer wieder versucht, Standards und Richtlinien zu erarbeiten, aber meist scheitert die nachfolgende praktische Umsetzung. Zudem kommen Kommu-

---

[38] Vgl. Kütz, M. (1998): in: Restrukturierung, Sanierung, Insolvenz, Hrsg.: Buth, A. K./Hermanns, M., §12 Randnummern 5 u. 6, Seite 213f.
[39] Vgl. Kütz, M. (1998): in: Restrukturierung, Sanierung, Insolvenz, Hrsg.: Buth, A. K./Hermanns, M., §12 Randnummern 7 u. 8, Seite 214.

nikationsschwierigkeiten zwischen der IT und den Fachbereichen hinzu. Oftmals werden Projekte gleich an externe IT-Spezialisten ohne Einbeziehung der eigenen Ressourcen vergeben, die hauseigene IT wird dann mehr und mehr zum Verwalter der Altsysteme. Der IT-Leiter sollte zugleich Dienstleister aber auch Ordnungsinstanz sein. In unternehmerische Entscheidungsprozesse wird er vielfach nicht oder zu spät eingebunden.[40]

Die SWOT-Analyse[41] gehört zu den Kollektionsmethoden und dient dazu, sich ein Bild über die eigenen Stärken aber auch Schwächen zu machen. Daneben können Gefahren und Chancen herausgearbeitet und erkannt werden. Die Analyse führt zu einer möglichst genauen Bestandaufnahme des gegenwärtigen Zustands, sodass Ergebnisse aus Markt-, Wettbewerbs- und Organisationsanalyse erarbeitet werden können.[42] Sie SWOT-Matrix liefert klare Erkenntnisse über den Istzustand der eigenen Organisation (Kernkompetenzen), über die Zielgruppen (Zielgruppenfokus und Zielgruppenbedürfnisse), über das Wettbewerbsumfeld (Positionierung, Leistungsumfang, Alleinstellungsmerkmale) und über die Aufstellung im Markt (Marktpräsenz).[43] Der Detailgrad ist jedoch gering[44]. Durch Befragungen der Mitarbeiter und Teamleiter sowie Ergebnissen aus Risikoworkshops wurden Daten gesammelt. Es haben sich auszugsweise die Ergebnisse gemäß Tabelle 2 ergeben. Einige Beispiele aus dem Business-Continuity-Bereich werden aufgezeigt, über die bereits noch zu wenig oder gar nicht nachgedacht wurde. In dieser Arbeit wird durch die Begrenzung des Umfangs nur auf einige Bereiche näher eingegangen. Nachfolgend werden Probleme aus den Bereichen Schwächen und Gefahren

---

[40] Vgl. Kütz, M. (1998): in: Restrukturierung, Sanierung, Insolvenz, Hrsg.: Buth, A. K./Hermanns, M., §12 Randnummern 11 bis 14, Seite 214.
[41] SWOT = strengths, weakness, opportunities, threats. Die Analyse findet Anwendung im Bereich der strategischen Unternehmensausrichtung.
[42] Vgl. Romeike, F./Hager, P. (2009): Erfolgsfaktor Risiko-Management 2.0, Wiesbaden 2009, S. 125
[43] Vgl. Romeike, F./Hager, P. (2009): Erfolgsfaktor Risiko-Management 2.0, Wiesbaden 2009, S. 125, 126
[44] Vgl. Piaz, J.-M. (2002): *Corporate Risk Management*, Cash Flow at Risk und Value at Risk. In: Wiedemann, Arnd [Hrsg.]: Competence-Center Finanz- und Bankmanagement. Band 3. 1. Auflage S. 84

aufgezeigt werden. Viele Kunden bewegen sich im Bereich IT-Investitionen am unteren Limit. Solange Systeme funktionieren, erkannt man keinen Anlass, zu investieren. Es gibt aber auch Kunden, die sich „compliant" verhalten und proaktiv handeln. Sie versuchen, ihre IT-Infrastrukturen auf einem aktuellen Stand der Technik zu halten und somit die Gefahren für Business Continuity zu minimieren. Abbildung 2 zeigt beide Möglichkeiten. Der Kunde entscheidet letztendlich, welchen Weg er im Bereich IT-Risiken gehen will. Er hat die Wahl zwischen dem in der Grafik links gezeigten proaktiven oder dem rechts skizzierten reaktiven Weg.

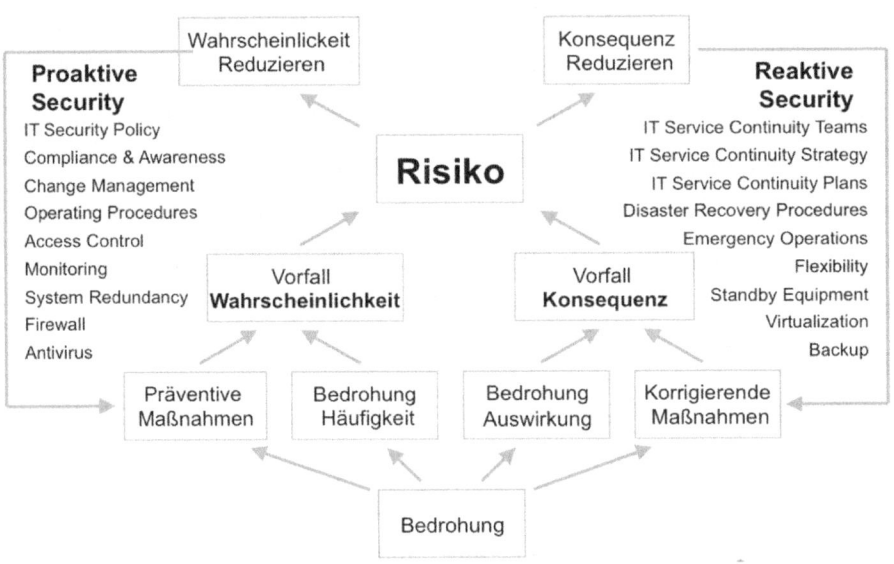

Abbildung 2: IT-Risiko[45]

Microsoft hatte sich im Jahr 2013 mit dem Thema „Microsoft-Server laufen heiß" auseinanderzusetzen. Der Ausfall der Kühlung in einem Rechenzentrum führte zu einem teilweisen Ausfall der bekannten Cloud-Dienste von Micro-

---

[45] Vgl. Neupart (2013): Webinar vom 03.07.2013: Wie wird sich das kommende Update der ISO 27001 auf IT-Risiko-Management-Prozesse auswirken?

soft. Erst nach 16 Stunden gelang es den Administratoren, wieder zum Normalbetrieb zurückzukehren. Durch Überhitzung hatten sich die Server selbstständig abgeschaltet, bevor die virtuellen Serverdienste sich von selbst auf andere Lokationen verschieben konnten. Als „besonders effizient" beschriebene Kühltechniken hatten zu diesem Problem geführt. Diese Technik war somit noch nicht ausgereift. Trotz aller Maßnahmen zur Erhöhung der Sicherheit, etwa durch redundante Systeme und externe Anbindungen, fallen immer wieder Rechenzentren aus. Grund dafür sind auch Stromausfälle, wie etwa im August 2011 in einem Microsoft-Rechenzentrum in Irland. Auch lokale Unwetter, wie bei einem Ausfall des Amazon-Cloud-Dienstes AWS im Sommer 2012 in Virginia oder großflächige Tropenstürme, wie Hurrikan Sandy im Herbst 2012, führten zu massiven Problemen.[46] Eigentlich sollte man glauben, dass es derartige Probleme bei so großen IT-Unternehmen nicht geben dürfte. Ein Grund liegt auch darin, dass sich diese Anbieter mit Green IT[47] beschäftigen müssen. Sie wollen soweit wie möglich ökologisch agieren und unter anderem Strom einsparen. Ein gesundes Mittel zwischen Sparen und Funktionalität zu finden, ist noch ein nicht zu unterschätzendes Problem.

Einer Studie zur Folge ist der Verlust der Produktivität die Hauptursache für Milliardenverluste durch den Ausfall von IT-Systemen (Abb. 3). Für seine Untersuchung "Business Continuity Straw Poll" hat CDW in den USA 7000 Unternehmen befragt und zusätzlich dazu noch die Meinung von 200 IT-Entscheidern eingeholt. Die Ergebnisse dürften weitgehend auf europäische Verhältnisse übertragbar sein. Den Ergebnissen zur Folge hatten 97 Prozent der befragten Unternehmen in einem Jahr mit IT-Ausfällen zu kämpfen, die Einfluss auf den Geschäftsverlauf hatten. Bei jedem vierten Unternehmen gab es Ausfälle der IT für vier oder mehr Stunden. Laut Schätzung von CDW sind

---

[46] CT (2013): Microsoft-Server laufen heiß, aus: Magazin für Computertechnik, Heft 8, 2013, S. 29.
[47] Green IT: Aufgabe, Informations- und Kommunikationstechnologie über gesamten Lebenszyklus hinweg umwelt- und ressourcenschonend zu nutzen.

allein den Unternehmen in den USA dadurch Gewinne in einer Größenordnung von 1,7 Milliarden US-Dollar verloren gegangen.[48]

Die drei Hauptgründe laut dieser Studie für Ausfälle in der IT-Infrastruktur sind:

- Probleme mit Stromversorgung
- Probleme mit Hardware
- Probleme mit Telekommunikation

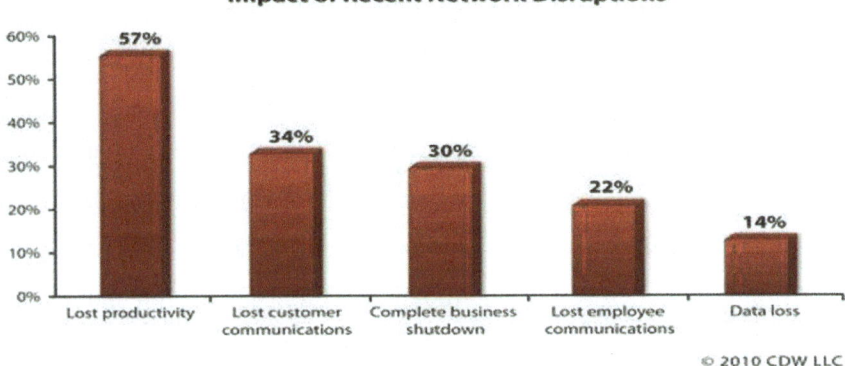

Abbildung 3: Verlust durch Ausfall von IT-Systemen

[48] Vgl. Elektronikpraxis (2011): Ausfall der IT-Systeme kostet Unternehmen Milliarden.

	IT-Risiken	Erklärung/Beispiel	Ausfall/Kosten	Probleme
1.	Veraltete Systeme	Systeme entsprechen nicht mehr dem neuesten Stand; Hardwareersatzteile sind nicht mehr zu beschaffen.	Wenige Stunden bis mehrere Tage und Wochen/hoch.	Nach Updates oder Neustarts stehen Systeme nicht mehr zur Verfügung.
2.	Keine Redundanz vorhanden	Systeme sind nur „einmalig" vorhanden, keine Notausfallsysteme.	Wenige Stunden bis mehrere Tage und Wochen/sehr hoch.	Systeme stehen nicht zur Verfügung.
3.	Stromversorgung	Keine USV^{49} vorhanden bzw. USV nicht redundant ausgelegt bzw. Verlässlichkeit der USV-Systeme nicht gegeben. Akkus sind defekt, ohne dass eine Fehlermeldung generiert wird.	Wenige Minuten bis einen Tag/gering bis mittel.	Systeme nicht verfügbar, Systeme benötigen nach einem Absturz mehrere Stunden, bis diese wieder zur Verfügung stehen.
4.	Unzureichende Backups	Man glaubt, dass gesichert wird; Restore-Tests werden nie gemacht. Backupzeitfenster oder Abstände sind nicht sinnvoll gewählt. Medienbrüche oder Datenverluste folgen.	Wenige Stunden bis mehrere Tage und Wochen/gering bis sehr hoch.	Systeme stehen nicht zur Verfügung. Datenverlust.
5.	Fehlende vertragliche Absicherung	Wartungsverträge sind abgelaufen oder wurden nicht verlängert.	Wenige Stunden bis mehrere Tage und Wochen/mittel.	Systeme stehen nicht zur Verfügung.
6.	Unvollständige Prozesstransaktionen	Finanzkennzahlen sind inkorrekt.	Termine werden nicht eingehalten/gering bis mittel.	Probleme mit Wirtschaftsprüfern oder Finanzamt.
7.	Unzureichende Dokumentationen	Wissen ist in den Köpfen vorhanden. Im schlimmsten Fall in den Köpfen von Personen, die dem Unternehmen nicht mehr angehören.	Wenige Stunden bis mehrere Tage und Wochen/mittel bis sehr hoch.	Systeme stehen nicht (mehr) zur Verfügung.
8.	Fehlendes Fachwissen	Fluktuation, neue Generation von IT-Fachkräften.	Wenige Stunden bis „keine Lösung mehr möglich"/mittel bis sehr hoch.	Systeme stehen nicht zur Verfügung.

---

^{49} USV: Abkürzung für unterbrechungsfreie Stromversorgung

9.	Ausfall von Systemen oder Diensten	Zum Beispiel Ausfall von Geschäftsprozessen oder Verlust von Daten.	Wenige Stunden bis „keine Lösung mehr möglich"/gering bis mittel.	BIA sehr hoch.
10.	Überhitzung	Server laufen heiß.	Wenige Stunden bis Tage/gering bis mittel.	Server sind nicht erreichbar/schalten ungeplant aus.
11.	Vertrauensschaden	Sichtung und Manipulation von Daten, die gegen Zugriff geschützt sein sollten.	Schaden/gering bis sehr hoch.	Verlust von Information oder Fehlinformationen.
12.	Nichterreichung von IT-Projektzielen	Projekte werden nicht beendet.	Ressourcen werden falsch eingesetzt/mittel bis sehr hoch.	Hohe Kosten ohne Gegenleistung.
13.	Dokumentation fehlt gänzlich	Im Notfall fehlen wichtige Dokumentation, da diese ausschließlich elektronisch gespeichert wurden.	Wenige Stunden bis „keine Lösung" möglich"/mittel bis sehr hoch.	Kein Zugriff mehr möglich auf wichtige Dokumentationen, die zur Wiederherstellung oder Notfallaktion notwendig sind.

Tabelle 2: IT-Risiken und Betriebsunterbrechungen

CDW gab in diesem Zusammenhang sieben Ratschläge, um sich gezielt auf Ausfälle der IT-Systeme vorzubereiten beziehungsweise diese nach Möglichkeit zu vermeiden:

- Business Impact Assessment: Die möglichen Kosten eines Ausfalls eruieren.
- Maßnahmen ergreifen, um geschäftskritische Daten abzusichern. Erhöhung der Backup-Häufigkeit. Mit Hilfe von Virtualisierungslösungen nach Ausfall eines Systems das Klon-System starten.
  Fallbeispiel: Daten-Sicherungspläne sind meist wie folgt aufgebaut: Monatlich, wöchentlich und täglich nachts werden Daten gesamt oder teilweise gesichert. Problematisch ist es jedoch, wenn der Mailserver während der Arbeitszeit durch ein Software- oder Hardware-Problem

ausfällt. Es kann zwar die letzte Sicherung der letzten Nacht wiederhergestellt werden, die Daten bzw. E-Mails (Bestellungen, Rechnungen etc.) seit der letzten Sicherung bis zum Ausfallzeitpunkt sind jedoch wegen des Datenverlusts in der Zwischenzeit durch die Rückstellung nicht mehr vorhanden.

- Stromversorgung überprüfen: Hier ist zu prüfen, ob kritische Server und Netzwerksysteme mit einer unabhängigen Stromversorgung abgesichert sind. Fallbeispiel: Ein Kunde wollte aus Platz- und Kostengründen eine zentrale USV für das ganze Unternehmen nutzen und auch die IT-Hardware von diesem neuen (laut Elektroabteilung ausfallsicheren) System mit Strom versorgen lassen. Aus weiteren Kostengründen wurde der Wartungsplan für diese zentrale USV nach Ablauf nicht mehr verlängert. Fazit: Die zentrale USV hatte während eines Wochentags einen irreparablen Schaden, sodass das System nicht mehr automatisch redundant auf einen zweiten Stromkreis umgeschaltet hat. In der Folge waren alle Verbraucher sowie alle Informations- und Kommunikationssysteme plötzlich stromlos. Beleuchtung, Maschinen, PCs und die Telefonanlage waren relativ schnell wieder einsatzbereit, bei den Serversystemen dauerte es jedoch mehrere Stunden, bis diese wieder voll einsatzfähig waren, da ein plötzlicher Verlust der Stromzufuhr irreparable Schäden an den Systemen verursachen kann. Ein Lagerverwaltungssystem aus den 90er Jahren war erst am nächsten Tag wieder einsatzbereit, es konnten keine Auslagerungen erfolgen, sodass das Unternehmen nicht lieferfähig war. Die Software war veraltet, da diese aus Kostengründen nicht mehr upgedatet wurde. Durch den Ausfall auftretende Medienbrüche mussten nachträglich manuell mithilfe des Softwareherstellers zu enorm hohen Kosten nachgepflegt werden.

- Aufstellung eines Disaster-Preparedness-Plan: Diese Katastrophenvorsorge sollte alle Informationen enthalten, die für ein „Wiederhochfahren" der Systeme notwendig sind, wie Konfigurationen, Passwörter, Rufnummern und Checklisten.

- Mobile Alternativen fördern: Alle Möglichkeiten identifizieren und fördern, damit Mitarbeiter im Katastrophenfall etwa von zu Hause aus arbeiten können. Fallbeispiel: Schneemassen im Bayerischen Wald sorgten im Winter 2005/2006 bei vielen Betrieben dafür, dass die Arbeiten wegen des Dachschnees eingestellt werden mussten, da Landratsämter nach Prüfungen von Feuerwehr, THW und Sachverständigen zum Schutze der Angestellten eine weitere Nutzung untersagten. Damit zumindest der Vertrieb seine Aufgaben weiterhin erfüllen konnte und das Unternehmen für Kunden erreichbar war, wurde die Vertriebsmannschaft mit einem verkleinerten Krisenteam kurzerhand noch am selben Tag auswärts platziert. Der Telefonprovider hatte auf Antrag alle Rufnummern umgeleitet und der Schaden hielt sich so in Grenzen. Als Ergebnis aus diesem Umstand wurden in der Folgezeit Notfallpläne erstellt. Die Daten und Netzwerkinfrastrukturen wurden redundant ausgelegt. Jedes Team hatte einen Mitarbeiter und einen Vertreter festgelegt, die im Falle eines Falles bei einer etwaigen Nichtnutzungsmöglichkeit des Verwaltungsgebäudes (wie Brand, Anschlag, Explosion, etc.) in einem getrennten Brandabschnitt (baulich getrennt) weiterhin den gewohnten Tätigkeiten nachgehen konnten. Der vorher festgelegte restliche Teil der Mitarbeiter sollte sich ab dem Zeitpunkt des Notfalls zu Hause auf Abruf bereithalten.

- Telekommunikations-Alternativen erwägen: Dieser Plan soll sowohl Möglichkeiten für alternative Anschlüsse beim gleichen Provider wie die Möglichkeit eines Fallbacks bei einem anderen Anbieter enthalten. Idealerweise sollte im Katastrophenfall eine andere Anschlussmöglichkeit, wie über Mobilfunk oder Satellit statt Kabel, möglich sein. Fallbeispiel: Kunden halten neben einer schnellen Internetanbindung eine zweite schwächere und somit auch preisgünstige Backupleitung vor. Wichtig ist dabei, diese Leitung im besten Fall von einem anderen Provider in Anspruch zu nehmen. Dabei ist zu beachten, dass der in Deutschland weitverbreitete Provider Telekom Leitungen an seine Konkurrenten vermietet. Damit wird fälschlicherweise für die Backupleitung dieselbe Infrastruktur, wie für die primäre Leitung, verwendet, was dann wieder zu Problemen führen kann.

- Den Katastrophenplan testen: Mindestens einmal pro Jahr sollte überprüft werden, ob alle Informationen richtig sind und Notfallpläne auch wirklich funktionieren.

Diese Liste sei noch ergänzt um das Thema „Proaktives Monitoring":

- Zur Risikoreduzierung im IT-Bereich werden proaktive Überwachungssysteme eingesetzt. Server und Dienste werden rund um die Uhr proaktiv überwacht und bei Störungen oder Abweichungen von den Sollwerten erfolgt eine Meldung an unsere Servicestellen. Es ist somit gewährleistet, dass bereits vor den negativen Auswirkungen auf die Unternehmensprozesse, ein Eingriff durch das Serviceteam aus der Ferne erfolgen (Abb. 4) kann.

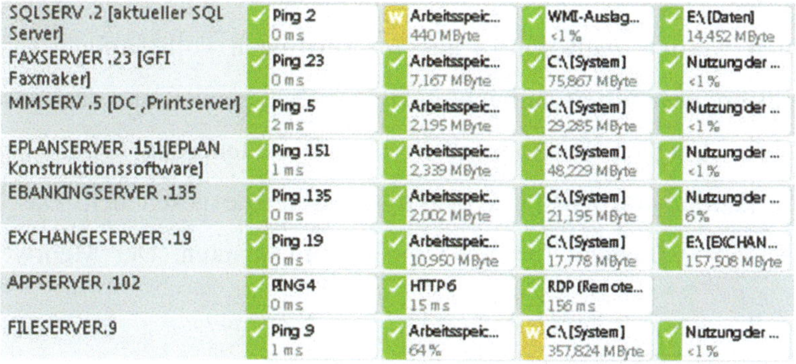

Abbildung 4: Proaktives Monitoring

2.7 Risiko und Verzahnung der Disziplinen

Der Begriff Risiko wird im europäischen Raum etwa seit dem 16. Jahrhundert verwendet. Mit Risiko haben Kaufleute die Gefahr bezeichnet, durch die sich ein Handelsgeschäft entgegen den Erwartungen entwickelt, und somit ein Schaden entstehen kann[50]. Es wird unterstellt, dass die in einem Unternehmen für die Zukunft zu treffenden Entscheidungen in die Zukunft gerichtet sind und mit einer Unsicherheit behaftet sind, sodass diese nur mit einer bestimmten Wahrscheinlichkeit eintreten[51]. Formal kann das Risiko an sich durch eine Wahrscheinlichkeitsverteilung beschrieben werden[52]. Risikomanagement ist ein fortwährender Prozess. Unter Risikomanagement wird der kontrollierte Umgang mit Risiken verstanden. Der Risikomanagementprozess umfasst die Identifikation von Risiken und deren Bewertung, die Überwachung, das Reporting sowie die Steuerung.[53] Alle Abteilungen im Unternehmen müssen mit dem Risikomanagementsystem „verzahnt" sein, beispielhaft seien nachfolgend kurz die Unternehmenssteuerung und die IT angeführt. Der BDI spricht bei der Verzahnung von Risikomanagement und Unternehmenssteuerung sogar von der „Königsdisziplin". Mehrwert entsteht nur, wenn Risikomanagement und Unternehmenssteuerung ideal miteinander verbunden sind. Damit dies sinnvoll umgesetzt werden kann, muss das Risikomanagement zentral koordiniert werden, weil nur so alle Informationen vollständig gesammelt, plausibilisiert, strukturiert aufbereitet, zielgerichtet genutzt und dem gesamten Unternehmen zugänglich gemacht werden. Die Steuerung sollte allerdings durch die Verantwortlichen der operativen Bereiche geschehen. Das erhöht auch die Verbindlichkeit für den Umgang mit Risiken. Der Mehrwert der

---

[50] Vgl. Romeike, F./Hager, P. (2009): Erfolgsfaktor Risiko-Management 2.0, S. 31, 32.
[51] Vgl. Kremers, M. (2002): *Risikoübernahme* in Industrieunternehmen. Der Value-at-Risk als Steuerungsgröße für das industrielle Risikomanagement, dargestellt am Beispiel des Investitionsrisikos. In: Hölscher, Reinhold [Hrsg.]: Schriftenreihe Finanzmanagement. Band 7, S. 35.
[52] Vgl. Büschgen, H. E. (1998): Bankbetriebslehre. Bankgeschäfte und Bankmanagement. 5. Auflage. S. 856 f.
[53] Vgl. Romeike, F./Hager, P. (2009): Erfolgsfaktor Risiko-Management 2.0, S. 121.

Verzahnung ist den Unternehmen in der Regel bewusst. Offene Fragen gibt es bei der Anwendung und bei der Umsetzung.[54]

Eng verknüpft ist das Business Continuity Management System mit dem IT-Sicherheitsmanagementsystem (ISMS). ISO 27001 definiert ein ISMS als Teil des gesamten Managementsystems, der auf der Basis eines Geschäftsrisikoansatzes die Entwicklung, die Implementierung, die Durchführung, die Überwachung, die Überprüfung, die Instandhaltung und die Verbesserung der Informationssicherheit abdeckt. Das Managementsystem enthält die Struktur, Grundsätze, Planungsaktivitäten, Verantwortung, Praktiken, Verfahren, Prozesse und Ressourcen der Organisation.[55] Auch eine ISMS nutzt zur ständigen Verbesserung die grundlegenden Aktivitäten des PDCA-Modells, auf das in Kapitel 4.34 im Zusammenhang mit der ISO 22301 näher eingegangen wird.[56]

---

[54] Vgl. BDI (2011): Risikomanagement 2.0. Ergebnisse und Empfehlungen aus einer Befragung in mittelständischen deutschen Unternehmen, S. 14f.

[55] Vgl. Kersten, H./Reuter, J./Schröder, K.-W. (2011): IT-Sicherheitsmanagement nach ISO 27001 und Grundschutz: Der Weg zur Zertifizierung, 3. Auflage. Wiesbaden: Vieweg + Teubner, S. 41.

[56] Vgl. Kersten, H./Reuter, J./Schröder, K.-W. (2011): IT-Sicherheitsmanagement nach ISO 27001 und Grundschutz: Der Weg zur Zertifizierung, 3. Auflage. Wiesbaden: Vieweg + Teubner, S. 42.

3 Standards im Notfallmanagement

Ein Standard ist ein Dokument oder eine technische Spezifikation, die von einer anerkannten Normenorganisation zur wiederholten oder ständigen Anwendung herangezogen wird. Er stellt Regeln, Leitlinien oder Merkmale für Tätigkeiten oder deren Ergebnisse zur Verfügung. Ein Standard ist somit eine vergleichsweise einheitliche oder vereinheitlichte, weithin anerkannte und meist auch angestrebte oder auch angewandte Art und Weise, etwas herzustellen oder durchzuführen, und sich gegenüber anderen Arten und Weisen mit Erfolg durchzusetzen.[57]

Über eine Million Unternehmen weltweit sind zum Beispiel nach der Norm ISO 9001 zertifiziert. Dies macht die ISO 9001 zu dem am weitesten verbreitete Management-Tools in der heutigen Welt. Eine Reihe von Studien hat erhebliche finanzielle Vorteile für zertifizierte Unternehmen identifiziert. Die Studien zeigen auch, dass zertifizierte gegenüber nicht zertifizierten Organisationen eine überlegene Vermögenswertsteigerung ausweisen können.[58]

Standards sorgen für den notwendigen Rahmen, der somit den Aufbau und die Prüfung der umgesetzten Ziele erst möglich macht. Das Vorgehensmodell sorgt für eine standardisierte Einführung, den Betrieb und die Weiterentwicklung eines Notfallmanagements in einer Organisation. Daneben können auch Empfehlungen und Umsetzungshinweise enthalten sein. Diese sollten soweit als möglich neutral gehalten sein, damit sie auf alle Arten und Größen von Organisationen anwendbar sind.

Aufgrund der Bedeutung eines Notfallmanagements sollte nur nach anerkannten und etablierten Normen und Standards vorgegangen werden. Erst durch diese mögliche Vereinheitlichung sind Nachvollziehbarkeit und Vergleichbarkeit gegeben.

---

[57] Vgl. ETSI (2013): What are standards, Link: http://www.etsi.org/standards/what-are-standards.
[58] Vgl. Everbridge (2011): The New Corporate ISO 22301 Standard: What It Takes To Comply.

© Springer Fachmedien Wiesbaden GmbH, ein Teil von Springer Nature 2014
S. Spörrer, *Business Continuity Management*, Edition KWV,
https://doi.org/10.1007/978-3-658-23403-4_3

3.1 Abgrenzung der Standards

Anbei eine Auswahl relevanter, verwandter und vorhergehender Standards und Rahmen, mit denen eine Abgrenzung zur ISO 22301 passend erscheint, die aber auch Parallelen beinhalten und so die ISO 22301 teilweise ergänzend unterstützen können. Es wird auch fallweise auf Unterschiede und Gemeinsamkeiten im Kontext zur ISO 22301 eingegangen.

- BSI 100-4

- BCI Good Practice Guidelines

- BS 25999-1 und BS 25999-2

- ISO/PAS 22399

- PAS 56

- PAS 200

- ISO 27001/27002

- NIST SP 800-34

- ISO/IEC 24762

- ITIL

- ISO/IEC 20000 / ISO/IEC 27031

- NFPA 1600

- BS 25777

Die Entstehung der ISO 22301 aus den aufgezählten Standards und die Abgrenzung zu diesen Standards stehen in den folgenden Kapiteln im Mittelpunkt. Daneben wird auch auf die Verzahnung zu anderen Standards eingegangen.

3.2 Standard BSI 100-4

Im BSI-Standard 100-4 wird eine Methodik zur Etablierung und Aufrechterhaltung eines behörden- bzw. unternehmensweiten internen Notfallmanagements vorgestellt. Die darin beschriebene Methodik baut dabei auf der im BSI-Standard 100-2[59] beschriebenen IT-Grundschutz-Vorgehensweise auf. Bei vollständiger Umsetzung dieses Standards und des korrespondierenden Bausteins in den IT-Grundschutz-Katalogen wird ein Notfallmanagement etabliert, das auch weniger technisch-orientierte Standards wie den British Standard BS 25999 Part 1 und 2 komplett erfüllt.[60] Im Fazit heißt dies, dass die Norm BSI 100-4 neben der BS 25999-1 für eine konkrete Ausgestaltung und Umsetzungsunterstützung eher passende Methoden und Hilfsmittel anbietet.

3.3 Good Practice Guidelines (GPG)

Das Business Continuity Institute (BCI) mit Sitz in USA wurde 1994 gegründet. Das Ziel bestand im Setzen eines hohen Standards und der Kompetenz im Bereich Business Continuity Management. Die ersten „Good Practice Guidelines" wurden 2002 herausgegeben. Die deutsche Übersetzung stammt aus dem Jahre 2005. Die GPG des BCI bieten als eine der wenigen Quasi-Standards mit mehr als 120 Seiten eine sinnvolle Umsetzungshilfe. Die Einteilung lautet wie folgt:

- Sektion 1: Entwickeln der BCM-Vorgaben und des Prozess-Managements (BCM Policy & Programme Management),

- Sektion 2: Umfassendes Verständnis der Organisation (Understanding the Organization),

---

[59] Vgl. BSI (2008): IT-Grundschutz-Vorgehensweise, Bundesamt für Sicherheit und Informationstechnik, Version 2.0
[60] Vgl. BSI (2009): Notfallmanagement: BSI-Standard 100-4 zur Business Continuity. Bundesamt für Sicherheit und Informationstechnik, S. 13.

- Sektion 3: Festlegung der BCM-Strategie (Determining BCM Strategy),

- Sektion 4: Entwicklung und Implementierung von Reaktionsmaßnahmen (Developing and Implementing BCM),

- Sektion 5: Üben, Betreiben und Überprüfen der BCM-Maßnahmen (Exercising, Maintaining & Reviewing BCM Arrangements),

- Sektion 6: Einbettung von BCM in die Organisationskultur (Embedding BCM in the Organisation)[61]

3.4 Standards BS25999-1 und BS25999-2

BS 25999-1 „Business Continuity Management – Part 1: Code of Practice" beschreibt den Aufbau eines Management-Systems für das Notfallmanagement.[62] Dazu zählt unter anderem die Organisationsstruktur, die Umsetzung eines Business Continuity Management Prozesses auf Basis von Good Practise Vorgaben und die Konzeption organisatorischer Maßnahmen. Die detaillierten Arbeitsschritte oder konkreten Maßnahmen für ein Notfallmanagement werden dabei nicht beschrieben. Der britische Standard BS 25999-2 „Business Continuity Management – Part 2: Specification"[63] legt die Punkte fest, die zur Zertifizierung eines Business Continuity Managements vorhanden sein müssen. Zentraler Inhalt ist das Programmmanagement, welches das steuernde Element ist, welches Verantwortlichkeiten zuweist und die permanente Aufrechterhaltung der Geschäftsprozesse sicherstellt. Der Lebenszyklus des BS 259999 besteht aus den folgenden vier Phasen, welche durch die Etablierung einer BCM-Kultur in der Organisation zu unterstützen sind:

- Umfassendes Verstehen (Transparenz) der eigenen Organisation

---

[61] Vgl. BSI (2009): Notfallmanagement: BSI-Standard 100-4 zur Business Continuity. Bundesamt für Sicherheit und Informationstechnik, S. 19.

[62] Vgl. BCI (2006): British Standards Institute, BS 25999-1:2006: Business Continuity Management, Part 1: Code of practice, http://www.thebci.org/standards.htm

[63] Vgl. BCI (2006): British Standards Institute, BS 25999-1:2006: Business Continuity Management, Part 2: Specifications, http://www.thebci.org/standards.htm

- Entwickeln von BCM-Strategieoptionen

- Entwicklung und Implementierung von Reaktionsmaßnahmen und BCM-Plänen

- Durchführung von Übungen, Überprüfungen und Weiterentwicklen der BCM- Pläne und –Maßnahmen.[64]

BS 25999-1 bietet neben der Norm BSI 100-4 für eine konkrete Ausgestaltung und Umsetzungsunterstützung eher passende Methoden und Hilfsmittel an.

Der BS 25999-2 steht für den Beginn des Business Continuity Management. Im November 2006 wurde der erste Entwurf des BS 25999 von der British Standards Institution veröffentlicht. Inhalte waren eine notwendige Struktur, Prozesse und Prinzipien sowie eine erste Terminologie für Business Continuity. Der zweite Entwurf wurde im November 2007 veröffentlicht. Ein wichtiger Inhalt dabei war damals schon die Integration der Stakeholder in die BC-Pläne. Dieses Thema wurde später zurückgezogen, als die ISO 22301 veröffentlicht wurde.[65]

3.5   ISO/PAS 22399, PAS 56:2003, PAS 200:2011

Der Standard ISO/PAS 22399 steht für "Societal security – Guideline for incident prepardness and operational continuity management". Die „Publicly Available Specification" (PAS) basiert auf Best Practices aus fünf Nationen. So sind Teile des amerikanischen Standards NFPA 1600:2400, des britischen Standards BS 25999-1:2006, des australischen Standards HB 221:2004 wie auch des israelischen Standards INS 24001:2007 enthalten. "ISO/PAS 22399 describes a holistic management process that identifies potential impacts that threaten an organization and provides a framework for minimizing their ef-

---

[64] Vgl. BSI (2009): Notfallmanagement: BSI-Standard 100-4 zur Business Continuity. Bundesamt für Sicherheit und Informationstechnik, S. 19.
[65] Vgl. Everbridge (2011): The New Corporate ISO 22301 Standard: What It Takes To Comply.

fect." Statt eines „BCM lifecycles" gibt es in diesem ISO-Standard einen „IPOCM lifecycle". IPOCM steht für "incident prepardness and operational (business) continuity management". Der Begriff „operational continuity" wurde gewählt, um die Relevanz für alle Formen von Organisationen, sei es öffentlich oder privat, kommerziell oder non-profit zu unterstreichen. [66]

Der Standard PAS 56 wurde vom britischen Normungsinstitut BSI (British Standard Institution) und dem Business Continuity Institute (BCI) zusammen veröffentlicht. Mithilfe des BCM-Lebenszyklus sind die Zusammenhänge mit anderen Prozessen und Best Practices beschrieben.

Der Standard PAS 200:2011 behandelt das Krisenmanagement. Mit der Veröffentlichung des PAS 200[67] versuchte die British Standard Institution, einen blinden Fleck in der Notfallvorsorgeplanung auszuleuchten. Er richtet sich in erster Linie an das Top-Management und erst an zweiter Stelle an diejenigen Mitarbeiter, die mit der Einführung, der Pflege und dem Testen der Krisenmanagementverfahren betraut sind. PAS 200 definiert Krise als: „inherently abnormal,   unstable and complex situation that represents a threat to the strategic objectives, reputation or existence of an organization". Es bleibt unerwähnt, dass es beim herkömmlichen Krisenmanagement neben der ressourcentechnischen Absicherung der BCM-Pläne darum geht, die handelnden Notfallteams querschnittlich koordiniert von Mitarbeiterbetreuung, Versicherungsfragen und Ersatzbeschaffungen zu befreien und zentral die Kommunikation nach außen und nach innen zu steuern.[68]

3.6 ISO/IEC 27001 / ISO 27002

Die ISO/IEC 27001:2005 wurde aus dem britischen Standard BS 7799-2:2002 entwickelt und wurde als internationale Norm erstmals am 15. Oktober 2005

---

[66] Vgl. BCM (2007): ISO Standard für Business Continuity Management.
[67] Vgl. BSI (2011): PAS 200:2011, Crisis Management.: Guidance and good practice.
[68] Vgl. Zänker, C. (2011): PAS 200 und Business Continuity Management, in: BCM News vom 28.11.2011.

veröffentlicht. Die internationale Norm ISO/IEC 27001 "Information technology – Security techniques – Information security management systems – Requirements" spezifiziert die Anforderungen für Herstellung, Einführung, Betrieb, Überwachung, Wartung und Verbesserung eines dokumentierten Informationssicherheits-Managementsystems unter Berücksichtigung der IT-Risiken innerhalb der gesamten Organisation. Zu den explizit genannten Anforderungen gehört auch das Business Continuity Management in Abschnitt A.14:

- Including information security in the business continuity management process
- Business continuity and risk assessment
- Developing and implementing continuity plans including information security
- Business continuity planning framework
- Testing, maintaining and re-assessing business continuity plans

Zu den genannten Anforderungen sind jeweils sogenannte „controls" definiert.

Beispielhaft soll das Schwachstellenmanagement in der ISO 27001 genannt werden. Schwachstellen gibt es überall, vielfach sei der Mensch die größte Schwachstelle. Die Maßnahme in A.12.6 behandelt im Kern technische Schwachstellen. Das Risiko besteht darin, dass Schwachstellen ausgenutzt werden, um unbefugten Zugriff auf Informationswerte der Organisation zu erhalten.[69] Alle Angestellten, Auftragnehmer und Drittbenutzer von Informationssystemen und Dienstleistungen müssen nach A.13.1.2 der ISO 27001 verpflichtet sein, alle beobachteten oder vermuteten Sicherheitsschwachstellen in Systemen und Dienstleistungen festzuhalten und zu melden.

---

[69] Vgl. Kersten, H./Reuter, J./Schröder, K.-W. (2011): IT-Sicherheitsmanagement nach ISO 27001 und Grundschutz: Der Weg zur Zertifizierung, 3. Auflage. Wiesbaden: Vieweg + Teubner, S. 247.

Kapitel A.14 in der ISO 27001 behandelt die Sicherstellung des Geschäftsbetriebs. Der Regelungsbereich Business Continuity Management (BCM) adressiert die ganzheitliche Sicht der Geschäftsprozesse. Es geht darum,

- die Unterbrechung bzw. unzulässige Verzögerung von Geschäftsprozessen zu verhindern,
- die Auswirkungen personeller und technischer Ausfälle oder von Elementarereignissen auf die Geschäftsprozesse zu begrenzen und
- so schnell wie möglich eine Fortführung der Geschäftsprozesse nach Unterbrechungen sicherzustellen.

Daneben befasst sich die Norm mit Prävention, Reaktion, Business Impact Analysis, Kritikalität, Wiederanlaufklasse und Vererbung. Diese Begriffe sind im Anhang näher definiert.[70]

Die ISO/IEC 27002:2005 befasst sich mit den folgenden elf Überwachungsbereichen, die sich wiederum in 39 Hauptkategorien, sogenannte Kontrollziele, unterteilen. Diese werden wiederum in 133 Sicherheitsmaßnahmen unterteilt, um so die Erreichung der darüberliegenden Kontrollziele zu unterstützen:

- Information Security Policy (Weisungen und Richtlinien zur Informationssicherheit
- Organziation of information security (Organisatorische Sicherheitsmaßnahmen und Managementprozess)
- Asset management (Verantwortung und Klassifizierung von Informationswerten)
- Human ressources security (Personelle Sicherheit)

---

[70] Vgl. Kersten, H./Reuter, J./Schröder, K.-W. (2011): IT-Sicherheitsmanagement nach ISO 27001 und Grundschutz: Der Weg zur Zertifizierung, 3. Auflage. Wiesbaden: Vieweg + Teubner, S. 252ff.

- Physical and Enviromental Security (Physische Sicherheit und öffentliche Versorgungsdienste)

- Communication and Operations Management (Netzwerk- und Betriebssicherheit)

- Access Control (Zugriffskontrolle)

- Information systems acquisition, development and maintenance (Systementwicklung und Wartung)[71]

- Information security incident management (Umgang mit Sicherheitsvorfällen)

- Business Continuity Management (Notfallvorsorgeplanung)

- Compliance (Einhaltung rechtlicher Vorgaben, der Sicherheitsrichtlinien und Überprüfung durch Audits)

Ein wichtiger Unterschied der beiden Normen liegt darin, dass eine Zertifizierung nach ISO/IEC 27002 nicht möglich ist. Sollte ein Sicherheitsmanagementsystem im Unternehmen aufgebaut werden, so ist dies nur durch Prüfung nach ISO/IEC 27001 möglich.

Die ISO 27001 und die ISO 27002 werden im Herbst 2013 upgedatet. Einen Entwurf beider Anpassungen gibt es bereits. Neben neuen Inhalten und neuen Nummern für die Anforderungen gibt es kurze neun Seiten mit Anforderungen an ein ISMS. Die „controls" sind weiterhin in Annex A gelistet mit Bezug auf die neue ISO 27002. Die erste Anforderung in der neuen ISO 27001 bezieht sich auf den Enterprise Risk Management Standard ISO 31000. Die Behandlungsoptionen für Risiken bestanden gemäß ISO 27001:2005 aus Akzeptieren, Verringern, Verteilen oder Vermeiden. Die ISO 27001:2013 fordert diese spezifischen Behandlungsoptionen nicht mehr, aber es steht dem Unternehmen frei, diese weiterhin zu verwenden. Das in der ISO 22301 verwendete

---

[71] Vgl. ISO/IEC 270002:2005: Information technology – Security techniques – Code of practice for information security management.

PDCA-Modell wird in der überarbeiteten ISO als „continual improvement" bezeichnet (siehe Parallele zur ISO 22301 Kapitel 10.2).

3.7 NIST SP 800-34

NIST Special Publication (SP) 800-34 Rev. 1 ist ein "Contingency Planning Guide for Federal Informations Systems", eine Planungshilfe für Staatliche Einrichtungen[72]. Es gehört zu einer Sammlung von "Special Publication" des National Institute of Standards and Technologie[73], die sich mit Sonderpublikationen in der sogenannten 800-Serie allgemein mit Computer-Sicherheit beschäftigen. Die Abteilung gehört zum United States Department of Commerce. Die Serie wurde im Jahr 1990 begonnen. Dieses Special Publication 800 Serie berichtet über ITL (Information Technology Laboratory)-Forschung, Richtlinien und Reichweitenbemühungen in Computersicherheit sowie seine Kooperationen mit der Industrie, Regierung und akademischen Organisationen.

3.8 ISO/IEC 24762

Anfang 2008 wurde der ISO Standard für "Information and Communication Technology Disaster Recovery Services" veröffentlicht. Der Standard regelt die Anforderungen an interne und externe Service Provider für ICT Disaster Recovery Services. Singapore Standards hat auf Basis dieses ISO Standards den Standard SS 507 (mit kleineren Anpassungen) auf die Version SS 507:2008 aktualisiert. Nach diesem Standard ist mit den erfolgten Anpassungen eine Zertifizierung sowohl für „DR[74] service provider" als auch für „DR facility provider" möglich.

Die Standards definieren Anforderungen an

---

[72] NIST (2010): Contingency Planning Guide for federal Information Systems: NIST Special Publication 800-34 Rev .1 vom 11.11.2010.
[73] NIST (2013): NIST: Computer Security Division, Computer Security Ressource Center.
[74] DR: Disaster Recovery: Notfallwiederherstellung.

- die Implementierung,

- den Betrieb / Operating,

- Überwachung / Monitoring,

- Wartung und Aktualisierung

von ICT Disaster Recovery Services.

Die Standards bestehen aus den beiden Schwerpunktbereichen

- ICT Disaster Recovery und

- ICT Disaster Recovery Facilities.[75]

ICT steht für „Information and Communications Technology", der englische Begriff für Informations- und Kommunikationstechnik.

3.9 ITIL

ITIL (Information Technology Infrastructure Library) ist ein generisches und flexibles Modell zur Steuerung der IT-Serviceerbringung. Unternehmen und Organisationen sind von der optimalen Prozesssteuerung ihrer Informationssysteme abhängig, wenn sie ihre Unternehmensziele erreichen wollen. Es beschreibt die Phasen und Prozesse im Rahmen eines Service-Lifecycle-Modells und ist auf alle Typen von IT-Service-Providern anwendbar. Ursprünglich aus dem IT-Betrieb der britischen Regierung – dem Office of Government Commerce (OGC) – entstanden, ist ITIL über vielfache Anwendung in der Praxis zur gebündelten Best Practice erwachsen, die international anerkannt ist und angewandt wird. Ziel von ITIL ist es, über transparente Prozesse und Abläufe sowie eindeutige Rollen und Verantwortlichkeiten eine anforderungsgerechte Bereitstellung von IT-Services unter Berücksichtigung der vom Kunden geforderten Qualität und der Kosten sicherzustellen. ITIL hat sich als Referenzmodell für das IT-Servicemanagement etabliert und kann für dieses Ge-

---

[75] BCM (2008): ISO/IEC 24762:2008: Der neue Standard für ICT Disaster Recovery.

biet als De-facto-Standard angesehen werden. ITIL betrachtet weniger die geschäftliche Seite im Unternehmen, sondern die internen Serviceprozesse mit dem Ziel der Effizienzsteigerung.[76] ITIL bildet zudem die Grundlagen für ISO 20000.[77]

Berater konzentrieren sich erfahrungsgemäß auf ein bestimmtes Framework für Organisationsaufgaben. Berater mit einer rein betriebswirtschaftlichen Ausbildung oder einem Hintergrund als IT-Auditor greifen schnell zu CobiT. Berater mit einem stark technischen IT-Betriebshintergrund setzen auf ITIL. Die Dokumentation von ITIL setzt sich derzeit aus folgenden fünf Teilen zusammen, die sich alle auf IT-Betriebsthemen beziehen:

- Service Strategy

- Service Design

- Service Transition

- Service Operation

- Continual Process Improvement[78]

3.10 ISO/IEC 20000 / ISO/IEC 27031

Der international Standard ISO/IEC 20000 ist 2005 aus dem nationalen britischen Standard BS 15000 hervorgegangen. Beide basieren auf ITIL. Der ISO-Standard ergänzt die darin zusammengefassten Best-Practice-Verfahren durch Prozessanforderungen, die auf Unternehmensebene zertifiziert werden können.[79]

---

[76] Vgl. Johannsen, W./Goeken, M.(2007): Referenzmodell für IT-Governance: Strategische Effektivität und Effizienz mit COBIT, ITIL & Co., S. 170.
[77] Vgl. Kersten, H./Reuter, J./Schröder, K.-W. (2011): IT-Sicherheitsmanagement nach ISO 27001 und Grundschutz: Der Weg zur Zertifizierung, 3. Auflage. Wiesbaden: Vieweg + Teubner, S. 10.
[78] Vgl. Keller, W. (2012): IT-Unternehmensarchitektur: Von der Geschäftsstrategie zur optimalen IT-Unterstützung, S. 321f.
[79] Vgl. Johannsen, W./Goeken, M.(2007): Referenzmodell für IT-Governance: Strategische Effektivität und Effizienz mit COBIT, ITIL & Co., S. 172.

3.11 NFPA 1600 und BS 25777

NFPA 1600 ist der Standard für „Disaster/Emergency Management and Business Continuity Programs"[80]. Die „9/11 Commission" zu den Terroranschlägen auf die Vereinigten Staaten in New York 2001 erkannte NFPA 1600 als Standard für „Disaster/Emergency Management und Business Continuity Program" an. Diese Norm wird in privaten als auch in kommerziellen Bereichen auf lokaler, regionaler, nationaler, internationaler und globaler Ebene verwendet.

Die Ausgabe aus 2013 beinhaltet:

- Ein neues Kapitel über die Aus-und Weiterbildung

- Ein aktualisierter Übergang zwischen dem Standard- und DRII-Profi-Practices wurde als neuer Anhang erstellt

- Neue Anlagen wurden entwickelt, um speziell auf Probleme im Bereich des Notfall-Management und der Business Continuity, einschließlich der Möglichkeit, NFPA 1600 als Standard Management System zu verwenden.

- überarbeitete Informationen helfen dabei, das Dokument leichter zu verwenden.

BS 25777 "Information and communications technology continuity management" wurde am 01. März 2011 durch den ISO-Standard 27031:2011[81] abgelöst. Der neue ISO-Standard trägt den Titel "Guidelines for information and communication technology readiness for business continuity management" – IRBC. Grundlage für die Phasen von IRBC sind die Anforderungen, die im Rahmen der Business Impact Analyse im Rahmen des BCM identifiziert werden. Auf dieser Basis folgt der Lifecycle dem PDCA-Zyklus. In der

---

[80] Vgl. NFPA (2013): NFPA 1600: Standard on Disaster/Emergency Management and Business Continuity Programs, 2007 Edition.
[81] Vgl. ISO (2011): ISO/IEC 27031:2011: Information technology: Security techniques: Guidelines for information and communication technology readiness for business continuity.

PLAN-Phase werden die GAPs aus den Anforderungen der BIA identifiziert und die IRBC-Strategie definiert. In der DO-Phase erfolgt die Implementierung der IRBC-Strategie, die Erstellung der ICT Reaktionszeit- und Wiederherstellungspläne-Pläne sowie die Bewusstseinsbildung und die Trainings. Die CHECK-Phase beinhaltet das laufende Monitoring der Gefährdungen und zudem Selbsteinschätzungen wie auch Tests, Übungen und Audits. Im Rahmen der ACT-Phase erfolgen Management-Reviews und Verbesserungen sowie Erweiterungen des Programms. Der IRBC-Lifecycle soll sich nahtlos in den Lifecycle des BCM einfügen.[82]

---

[82] Vgl. BCM (2011): Aus BS 25777 wurde ISO/IEC 27031:2011.

4 Business Continuity Management

Es gibt grundsätzlich drei Arten von Risiken, denen ein Unternehmen gegen-
überstehen kann. Bekannte Risiken sind Systemausfälle oder Feuer, die
grundsätzlich identifiziert und quantifiziert werden können. Man kann sich
auf diese auch so weit als möglich vorbereiten. Daneben gibt es Risiken wie
zum Beispiel Pandemien, deren Auswirkungen man nicht genau vorhersehen
kann. Zudem gibt es aber auch unvorhergesehene Risiken mit größten Auswirkungen. Nassim Nicholas Taleb hat in 2007 das Konzept der schwarzen
Schwäne dazu verwendet, um unvorhergesehene Ereignisse zu beschreiben,
die eine Organisation ohne Vorwarnung oder Vorbereitung plötzlich treffen
können.[83]

Abbildung 5 zeigt eine Übersicht der externen Treiber, die ausschlaggebend
für ein Unternehmen sind, ein BCM (Business Continuity Management) ein-
zuführen.

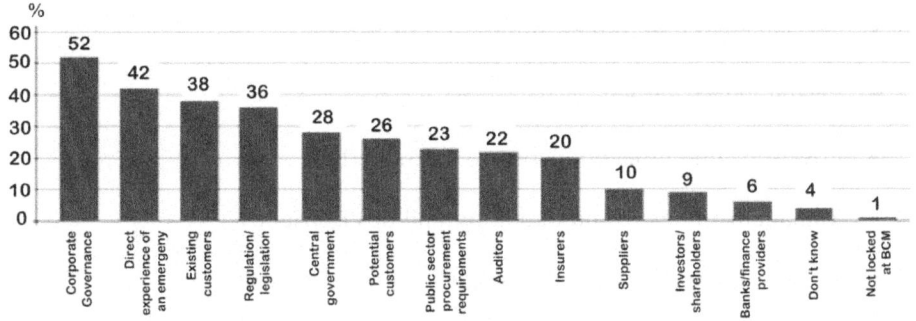

Abbildung 5: Externe Treiber für ein BCM[84]

Business Continuity wird auch bezeichnet als Notfallplanung für Geschäftsprozesse, um diese gegen weniger wahrscheinliche Ereignisse abzusichern.
Business Continuity Management wird auch als Betriebskontinuitätsmanage-

---

[83] Vgl. Sharp, J. (2012): The Route Map to Business Continuity Management, S. 1.
[84] Vgl. Musgrave, B./Woodman, P. (2013): Weathering the storm: The 2013 Business Continuity Management Survey, S. 15.

© Springer Fachmedien Wiesbaden GmbH, ein Teil von Springer Nature 2014
S. Spörrer, *Business Continuity Management*, Edition KWV,
https://doi.org/10.1007/978-3-658-23403-4_4

ment (BKM) oder Geschäftsfortbestandsmanagement (BFM) bezeichnet. Inhalte sind Pläne, Strategien und Handlungen, um Prozesse zu schützen oder im Notfall alternative Abläufe zu ermöglichen. Unterbrechungen jeglicher Art können einem Unternehmen ernsthafte Schäden oder Verluste zufügen, die zur Insolvenz führen können. Das Ziel von BCM besteht darin, den Fortbestand des Unternehmens unter Beachtung von Risiken mit hohem Schadensausmaß zu sichern. In den deutschsprachigen Ländern wird es auch in Zusammenhang mit der Informationssicherheit, der IT-Notfallplanung oder der Corporate Governance erwähnt.

BCM gehört zu den elf zentralen Regelbereichen, die alle wesentlichen Aspekte des ISMS (Information Security Management System), dem Managementsystem für Informationssicherheit, ansprechen:

- (ISMS-, Informationssicherheits-) Leitlinie

- Organisation der Informationssicherheit

- Management von organisationseigenen Werten

- Personelle Sicherheit

- Physische und umgebungsbezogene Sicherheit

- Management der Kommunikation und des Betriebes

- Zugangskontrolle (umfasst auch die Zugriffskontrolle)

- Beschaffung, Entwicklung und Wartung von informationsverarbeitenden Systemen

- Umgang mit Informationssicherheitsvorfällen (= Management von Sicherheitsvorfällen)

- Sicherstellung des Geschäftsbetriebs (= Business Continuity Management)

- Einhaltung von Vorgaben (z. B. Übereinstimmung mit gesetzlichen Anforderungen oder Standards)

In jedem Regelungsbereich gibt es eine Unterteilung in weitere Sicherheitskategorien nach ISO 27001.[85]

4.1 BCM als Teil der Good Governance

Kapitel 2.5 zeigt die Verantwortung des Vorstands und des Unternehmensmanagements für IT Governance. Diese ist ein wesentlicher Bestandteil der Unternehmensführung. IT Governance besteht aus der Führung, den Organisationsstrukturen und Prozessen, die sicherstellen, dass die IT die Unternehmensstrategie und –ziele unterstützt. Hauptziele von IT-Governance sind die Anforderungen an die IT sowie die strategische Bedeutung von IT zu verstehen, um den optimalen Betrieb zur Erreichung der Unternehmensziele sicherzustellen und Strategien für die zukünftige Erweiterung des Geschäftsbetriebs zu schaffen.

IT-Governance ist als Teilbereich der unternehmensweiten Governance- bzw. Compliancemaßnahmen einzuordnen. Diese zunächst schlüssig erscheinende Kausalkette ist in der Literatur besonders für den Begriff der IT-Governance nicht immer eindeutig nachzuweisen. Das Instrumentarium IT-Governance wird weitaus weniger wissenschaftlich diskutiert und ist praktisch weniger verbreitet als die Corporate Governance als zweiter Teilbereich.[86]

IT-Governance definiert, welche Mitwirkungspflichten und Entscheidungsrechte es bei der Steuerung der IT-Funktionen eines Unternehmens typischerweise gibt. Inwieweit dies funktioniert, hängt vor allem mit der Kommunikation, der Glaubwürdigkeit, der guten Verankerung von Entscheidun-

---

[85] Vgl. Kersten, H./Reuter, J./Schröder, K.-W. (2011): IT-Sicherheitsmanagement nach ISO 27001 und Grundschutz: Der Weg zur Zertifizierung, 3. Auflage. Wiesbaden: Vieweg + Teubner, S. 101f.
[86] Vgl. Johannsen, W./Goeken, M.(2007): Referenzmodell für IT-Governance: Strategische Effektivität und Effizienz mit COBIT, ITIL & Co., S. 2.

gen und der Verteilung der Entscheidungsrechte zusammen.[87] Weill[88] hat eine breit angelegte empirische Untersuchung durchgeführt und festgestellt, welche sogenannten Stile in der Praxis verbreitet sind. Er definierte dazu zunächst Architekturtypen von IT-Governance, also „reine Stile", die in der Praxis in dieser ausgeprägten Reinform aber nicht zu finden sein werden. Diese enthalten Aussagen darüber, wer im Hinblick auf die IT entscheidet. Die Typen der IT-Governance verknüpft er mit den Überschriften Strategie, Technik und Geschäftsunterstützung. Zum Bereich Strategie zählt er die IT-Prinzipien, zum Bereich Technik die IT-Architektur und die IT-Infrastrukturstrategie. Die Geschäftsunterstützung besteht aus den fachlichen Anforderungen und dem Budget. Bereits in diesen Begrifflichkeiten erkennt man die notwendige Verzahnung dieser Entscheidungsfelder zur Business Continuity.[89]

Eine Betrachtung der Anspruchsgruppen und der Rahmenbedingungen der IT-Compliance hilft in der Einordnung von IT-Governance im besten Falle weiter. In der Literatur werden Anspruchsgruppen oft als „Stakeholder" bezeichnet. In weiten Definitionen sind dies Eigenkapitalgeber (Shareholder), Unternehmensleitung (Management), die Arbeitnehmer, die Kreditgeber, die Lieferanten und Kunden sowie der Staat in seiner Rolle als Wirtschaftssubjekt (Fiskus). Engere Definitionen unterscheiden die Gruppe der Eigenkapitalgeber und die Unternehmensleitung von den weiten Anspruchsgruppen (Stakeholder im engeren Sinne). Die Interessen der Eigenkapitalgeber werden in kapitalorientierten Unternehmen vor allem durch externe (Wirtschafts-) Prüfer vertreten. Deren Prüfungsauftrag umfasst auch IT-Themen. Die Wirtschaftsprüfer werden deshalb als „Erfüllungsgehilfe" für die Aufgaben der

---

[87] Vgl. Keller, W. (2012): IT-Unternehmensarchitektur: Von der Geschäftsstrategie zur optimalen IT-Unterstützung, S. 115f.

[88] Vgl. Weill, P./Ross, Jeanne W.(2004): IT Governance – How To Performers Manage IT Decision Rights for Superior Results, S61f.

[89] Vgl. Keller, W. (2012): IT-Unternehmensarchitektur: Von der Geschäftsstrategie zur optimalen IT-Unterstützung, S. 117f.

Eigenkapitalgeber mit in die Anforderungsanalyse aufgenommen. Eine hierarchische Unterteilung wird zudem in der Unternehmensleitung vorgenommen. Die Anforderungen und Ziele der Unternehmensleitung im Bezug auf die IT-Governance und der Bereichsleiter können gegebenenfalls von den Zielen des IT-Managements oder des IT-Vorstands abweichen. Diese beiden Anspruchsgruppen werden deshalb in einer Anforderungsanalyse getrennt betrachtet.[90]

Durch eine Negativabgrenzung kann ein Bündel rechtlicher Normen wie Solvency II, das Fernabsatzgesetz oder das Signaturgesetz ausgeschlossen werden. Nach dieser Abgrenzung bleibt eine große Bandbreite von Normen, die einen Bezug zur IT haben. Auf der einen Seite sind Normen zu betrachten, die direkt auf die IT abzielen und diese unmittelbar zum Gegenstand haben. Auf der anderen Seite stehen Normen, die faktisch mittels IT umzusetzen sind und deshalb von Relevanz für die IT sind.[91] Scherer betrachtet diesen Punkt als Irrglaube, es gäbe im Unternehmen Platz für eine Vielzahl von Managementsystemen, um dieser Flut von Normen Herr zu werden. Unternehmen, die nach und nach das eine oder andere System einführen, produzieren damit fast unweigerlich Insellösungen, die nicht gelebt werden. Deren Daten stehen aufgrund fehlender Homogenität unter anderem der digitalen Datenanalyse nicht zur Verfügung.[92] Dies stärkt die Anforderung an ein generelles Rahmenwerk wie die später noch zu betrachtende Norm ISO 22301.

Zu den Anforderungen und Zielen von ganzheitlichem Management und „Good Governance" gehören primär die Erfüllung der Pflichten ohne jeglichen Spielraum. Weiterhin das Agieren im vorgegebenen, zwingenden Rah-

---

[90] Vgl. Falk, M. (2012): IT-Compliance in der Corporate Governance: Anforderungen und Umsetzung, S. 38.
[91] Vgl. Falk, M. (2012): IT-Compliance in der Corporate Governance: Anforderungen und Umsetzung, S. 39f.
[92] Vgl. Scherer, J. (2012): Good Governance und ganzheitliches strategisches und operatives Management: Die Anreicherung des „unternehmerischen Bauchgefühls" mit Risiko-,Chancen- und Compliancemanagement. Aufsatz in CCZ, S.202.

men. Erst anschließend Ziele, deren Erreichung nicht zwingend vorgegeben, aber von entscheidungsbefugten Interessengruppen gewünscht ist. Bei der Unterscheidung, ob die Aufgaben der Geschäftsleitung verpflichtend oder freiwillig sind, ist festzustellen, ob die jeweilige Aufgabe entweder dediziert in Gesetzen oder sonstigen Regelungen vorgegeben ist. Anschließend ist stets noch an die Generalklausel zu denken, nach der sich ein Vorstand oder Geschäftsführer (§43 GmbHG[93] und § 93 AktG[94]) als gewissenhafter Geschäftsmann zu verhalten hat. Würde ein gewissenhafter Manager nur in eine bestimmte Richtung agieren, so kann hier nicht mehr von freiem Ermessen gesprochen werden. Durch Weisungen oder vertragliche Verpflichtungen kann auch eine eigentlich freie Aufgabe zur Pflichtaufgabe werden. Nach Scherer ist somit die Entscheidung für Pflicht oder Kür keine Frage des Bauchgefühls. Die Geschäftsleitung hat einerseits die Verantwortung für Planung und Umsetzung der Kernleistungen aber auch sämtlicher sonstiger wesentlicher Funktionen des Unternehmens. Beispielhaft werden Strategie, Organisation, Finanzen, Personal, Risikomanagement, Compliancemanagement, Innovation, Beschaffung, Vertrieb und Marketing, Controlling, Logistik, Wissensmanagement, Qualitätsmanagement, Umweltmanagement usw. genannt. Explizit werden auch Datenschutz, Informationstechnologie und Business Continuity angeführt.[95]

---

[93] Vgl. GmbHG: http://www.gesetze-im-internet.de/gmbhg/__43.html.
[94] Vgl. AktG: http://www.gesetze-im-internet.de/bundesrecht/aktg/gesamt.pdf.
[95] Vgl. Scherer, J. (2012): Good Governance und ganzheitliches strategisches und operatives Management: Die Anreicherung des „unternehmerischen Bauchgefühls" mit Risiko-,Chancen- und Compliancemanagement. Aufsatz in CCZ, S.202f.

Autor	Definition
Füster, K./Rubenschuh, M./Weimer, L. (2006)	Der Begriff „Governance" beschreibt im Grunde die Verantwortung der Geschäftsführung und des Managements für den Aufbau einer Organisationsstruktur und von damit verknüpften Prozessen, welche sicherstellen, dass die Unternehmensziele und Strategien unter Beachtung anzuwendender Vorgaben umgesetzt, gemessen und überwacht werden. Hieraus ableitend umfasst die IT-Governance die Sicherstellung, dass Unternehmensziele und IT-Strategie aufeinander abgestimmt sind.[96]
Meyer, M./Zarnekow, R./Kolbe, L.M. (2003)	Unter IT-Governance werden Grundsätze, Verfahren und Maßnahmen zusammengefasst, die sicherstellen, dass mit Hilfe der eingesetzten IT die Geschäftsziele abgedeckt, Ressourcen verantwortungsvoll eingesetzt und Risiken angemessen überwacht werden.[97]
Goeken, M./Kozlova, E./Johannsen, W. (2012)	IT-Governance ist die verantwortungsvolle und auf langfristige Wertschöpfung ausgerichtete Organisation, Integration und Kontrolle der IT im Unternehmen.[98]

Tabelle 3: Definitionen IT-Governance mit Verweisen auf BCM

Eine erfolgreiche IT-Governance setzt voraus, dass Prozesse für Planung, Entwicklung und IT-Betrieb aufgesetzt werden, die eine Verfügbarkeit dieser Informationen an bestimmten Entscheidungspunkten sicherstellen, also beispielsweise bei der Priorisierung und der Budgetierung von Investitionen.[99]

---

[96] Vgl. Füster, K./Rubenschuh, M./Weimer, L. (2006): Information Security Governance. Integration der IT-Sicherheit in die Unternehmensführung, in: ZRFG – Risk, Fraud & Governance, 1/2006, S. 36.

[97] Vgl. Meyer, M./Zarnekow, R./Kolbe, L.M. (2003): IT-Governance. Begriff, Status quo und Bedeutung, in: Wirtschaftsinformatik, 45/2003, S. 445.

[98] Vgl. Goeken, M./Kozlova, E./Johannsen, W.(2012): IT-Governance, a. a. O., S. 1583.

[99] Vgl. Dern, G. (2009): Management von IT-Architekturen: Leitlinien für die Ausrichtung, Planung und Gestaltung von Informationssystemen, S. 305.

In allen Unternehmensbereichen von der IT bis zur Strategie stecken Risiken, die schnell existenzbedrohend werden können. Kann ein Ausfall der IT das Geschäft lahmlegen, kann auf Ersatzkapazitäten in Rechenzentren zurückgegriffen werden, können alle wichtigen Zugriffe auf Systeme protokolliert werden?[100] Fragen, die es im Rahmen von BCM zu beantworten gilt und die ISO 22301 dazu einen passenden Rahmen vorgibt.

Das Begriffsverständnis von IT-Governance leitet sich vornehmlich aus der englischsprachigen Literatur ab. Tabelle 3 beinhaltet einen repräsentativen Ausschnitt der publizierten Definitionen[101]. Die genaue Betrachtung der Definitionen und Inhalte wie Sicherstellung von Prozessen, Abdeckung der Geschäftsziele oder Risikoüberwachung unterstreicht den Ansatz, dass BCM ein Teil der (Good) Governance ist.

Nach Wegner bildet IT Governance in Form von Entwicklung und Umsetzung von Richtlinien und Regeln sowie der Einführung und Anwendung von IT-Standards und Best Practice-Ansätzen in der Gesamtorganisation die formale Grundlage für den effizienten IT-Betrieb und die effiziente Durchführung von IT-Projekten.[102]

Der BCM-Life-Cyle hat sechs Phasen:

- Planung des BC-Programms.

- Bewertung der Risiken und deren Auswirkungen.

- Festlegung der Kontinuitäts- und Wiederherstellungsstrategien.

- Durchführung von Übungen.

- Dauerhaftes Aufrechterhalten des BC-Programms.

---

[100] Vgl. Euler Hermes (2006): Wirtschaft Konkret Nr. 414: Ursachen von Insolvenzen: Gründe für Unternehmensinsolvenzen aus der Sicht der Insolvenzverwalter.
[101] Vgl. Falk, M. (2012): IT-Compliance in der Corporate Governance: Anforderungen und Umsetzung, S. 36.
[102] Vgl. Wegner, J. (2011): Studie: IT-Wertbeitrag: Messbare Realität oder Illusion, CIO Snapshot, S. 13.

Durch den Lebenszyklus wird das einmal aufgesetzte BC-Programm auf-rechterhalten und ständig verbessert. Governance spielt nicht nur in den je-weiligen Phasen eine Rolle, sondern auch in den Übergangsphasen zwischen den einzelnen Bereichen. Ohne Governance wird es mit ziemlicher Sicherheit Störungen im Zyklus geben. Mögliche Probleme in diesen Aktivitäten würden durch das Fehlen einer integrierter Governance verursacht werden. Integrierte Governance innerhalb der Planung steht für die Förderung und Unterstützung der Geschäftsführung sowie die Koordinierung zwischen den Geschäftsein-heiten und Wiederherstellungsteams. Integrierte Governance in den Entwick-lung- und Umsetzungsphasen hilft sicherzustellen, Rollen und Aufgaben zu definieren. Ermöglicht werden so gut koordinierte Aktionen zur Wiederher-stellung der Geschäftsprozesse und der IT-Ziele. Auswirkungen eines Aus-falls sollen damit maximal minimiert werden. Schließlich unterstützt Governance Übungen sowie die Aufrechterhaltung des Programms. Weiterhin sorgt Governance für eine interne Verbreitung der Themen, um das Bewusst-sein bezüglich Business Continuity und Disaster Recovery bei den Mitarbei-tern zu stärken. Risk Management als Teil der Governance und BCM ergän-zen sich gegenseitig und sind keine optionalen Prozesse in einer gut geführten Organisation.[103]

Nach Scherer gibt es viele Argumente für die Unternehmensführung bezüg-lich der anerkannten und einschlägigen Methoden und Werkzeuge betreffend Recht, Technik und Wirtschaft informiert zu sein. Risiko-, Chancen- und Compliancemanagement sind als ein strategisches Instrument für Good Governance und treffsichere Planungen einzusetzen. Für das Unternehmen

---

[103] Vgl. Graham, J./Kaye, D. (2006): A Risk Management Approach to Business Continuity: Align-ing Business Continuity with Corporate Governance, S. 89.

selbst bedeutet dieses Wissen und deren Anwendung Existenzsicherung[104] mit Unterstützung des Business Continuity Managements.

Ness beschreibt BCM treffend als "Business, das Business zu schützen". Umfangreicher wird BCM als „an ongoing management and governance process supported by senior management and resourced to ensure that the necessary steps are taken to identify the impact of potential losses, manage risk, develop resiliency, maintain viable recovery strategies and plans and ensure continuity of products or services through exercising, rehearsal, testing, training, maintenance and assurance" definiert.[105]

Ein weiterer Ansatz besteht in der Hinzunahme des Unternehmenstyps. Es gibt weitere Einflussfaktoren, die eine „good Governance" beeinflussen. Neben der Reife von Industrien, Grad an Föderalismus, Wettbewerbsstrategien und der aktuellen Unternehmenssituation sind die Werttreiber genauer zu betrachten. Die drei typischen Werttreiber sind

- Operational Excellence: die optimalen Betriebsprozesse
- Customer Intimacy: die Konzentration auf den Kunden
- Product Leadership: Wettbewerbsvorteile durch bessere Produkte

Die exemplarische genauere Betrachtung des ersten Wertreibers lässt erkennen, welche Einflüsse die IT auf die Good Governance hat. Zu diesem Punkt gehören Synergien in der IT, die Vermeidung von Medienbrüchen und ein hoher Automatisierungsgrad, der nur mithilfe durchgängiger und verlässlicher IT-Prozesse erreicht werden kann.[106]

Auch aus der Wettbewerbsstrategie, die ein Unternehmen verfolgt, ergeben sich Rückwirkungen auf die grobe Richtung der IT-Strategie und somit in der

---

[104] Vgl. Scherer, J. (2012): Good Governance und ganzheitliches strategisches und operatives Management: Die Anreicherung des „unternehmerischen Bauchgefühls" mit Risiko-,Chancen- und Compliancemanagement. Aufsatz in CCZ, S.211.
[105] Vgl. Ness, M. (2012): Business Continuity Management (BCM): Reducing Corporate Risk And Exposure Through Effective Processes And Controls Implementations, S. 7.
[106] Vgl. Keller, W. (2012): IT-Unternehmensarchitektur: Von der Geschäftsstrategie zur optimalen IT-Unterstützung, S. 118ff.

Folge auch auf die Ausrichtung der IT-Governance. Porter[107] zählt zu den generischen Wettbewerbsstrategien die Differenzierung, den Kostenschwerpunkt, den Differenzierungsschwerpunkt und die Kostenführerschaft. Bezüglich Letzterem sei hier beispielhaft darauf hingewiesen, dass sich dieser Bereich mit „Operational Excellence" aus einem der vorhergehenden Absätze weitgehend deckt und der IT-Vorstand somit gezielt Skaleneffekte angeht und Informatikkosten strikt managen wird.[108]

Die Bereiche IT-Riskmanagement und IT-Compliance sind eng mit der IT-Governance verbunden. Business Continuity Management ist ein wichtiger Teil der (IT-)Governance. Die Situation und die Geschäftsstrategie eines Unternehmens haben nicht unerheblichen Einfluss auf die IT-Strategie und die inhaltlichen Schwerpunkte der IT-Architektur. Somit schlagen sich die Entscheidungen auch auf die Ausrichtung der IT-Governance nieder.

4.2 Sicherstellung des Geschäftsbetriebs und Umsetzung BCM

Auch wenn die Informationstechnologie im Mittelpunkt der Betrachtung steht, so handelt es sich im Grunde immer um die Geschäftsprozesse einer Organisation. Diese werden mehr oder weniger stark von der IT unterstützt (Unterstützungsprozesse). Nur von der Ausfallsicherheit von IT-Systemen zu sprechen, greift daher zu kurz. Nach ISO 27001 A.14 adressiert der Regelungsbereich Business Continuity Management (BCM) die ganzheitliche Sicht der Geschäftsprozesse. Es geht darum,

- die Unterbrechung bzw. unzulässige Verzögerung von Geschäftsprozessen zu verhindern,

- die Auswirkungen personeller und technischer Ausfälle oder von Elementarereignissen auf die Geschäftsprozesse zu begrenzen und

---

[107] Vgl. Porter, M. (1989): Wettbewerbsvorteile (Competitive Advantage). Spitzenleistungen erreichen und behaupten. Sonderausgabe.
[108] Vgl. Keller, W. (2012): IT-Unternehmensarchitektur: Von der Geschäftsstrategie zur optimalen IT-Unterstützung, S. 120f.

- so schnell wie möglich eine Fortführung der Geschäftsprozesse nach Unterbrechungen sicherzustellen.

Während Fragen der personellen Vertretung meist hinreichend geregelt sind, fehlen Regelungen zu Details des Wiederanlaufs nach Unterbrechungen des Geschäftsbetriebes. Zum einen sind die Benachrichtigungswege unklar, zum anderen sind die Verantwortlichkeiten nicht klar geregelt. Auch kann es sein, dass die richtige Reihenfolge einzelner Schritte nicht bekannt ist. Mitunter fehlen die elementarsten Mittel, um einen Notbetrieb zu etablieren und aufrechtzuerhalten. Viel zu selten wird auf die praktische Vertrautheit der Mitarbeiter mit den entsprechenden Vorgehensweisen Wert gelegt. Notfallübungen sind hier geeignet, Abhilfe zu schaffen.[109]

Das Management muss sich bei Entscheidungen mit Ermessensspielraum, die der Erfüllung der Aufgaben der Geschäftsleitung dienen, immer die nötigen Informationen besorgen, die erforderlichen Kenntnisse besitzen, um die Informationen bewerten zu können und dann im Rahmen eines pflichtgemäßen Ermessens entscheiden, ob und gegebenenfalls wie er die Aufgabe ausführt. Im Rahmen der Informationsbeschaffung und der Entscheidung, ob und wie eine Maßnahme ausgeführt wird, ist stets der anerkannte Stand von Wissenschaft und Technik zu berücksichtigen. Weicht der Manager negativ von diesem anerkannten Stand der Technik ab, so könnte das eine Pflichtverletzung darstellen, zumindest zur Beweislastumkehr zu Lasten des Managers führen.[110]

BSI (2012)[111] gibt fünf Tipps, wie BCM am besten umzusetzen ist:

- Die Beteiligung des Senior-Managements im Unternehmen muss sichergestellt sein. Die Unternehmensleitung hat in der Regel die umfas-

---

[109] Vgl. Kersten, H./Reuter, J./Schröder, K.-W. (2011): IT-Sicherheitsmanagement nach ISO 27001 und Grundschutz: Der Weg zur Zertifizierung, 3. Auflage. Wiesbaden: Vieweg + Teubner, S. 252ff.
[110] Vgl. Scherer, J. (2012): Good Governance und ganzheitliches strategisches und operatives Management: Die Anreicherung des „unternehmerischen Bauchgefühls" mit Risiko-, Chancen- und Compliancemanagement. Aufsatz in CCZ, S.3.
[111] Vgl. BSI(2012a): BSI: Störungen des Geschäftsbetriebs vermeiden: Presseinformation vom Juli 2012, www.bsigroup.de, S. 2

sendste Sicht auf die Organisation und ihre Unterstützung muss dafür sorgen, dass Business Continuity in der gesamten Organisation ernst genommen wird.

- Ausbildung, Übungen und Testläufe sind elementar. Vor einem realen Vorfall ist dies der beste Weg, Fehler und Schwächen in den Notfallplänen aufzudecken, ohne dass diese Problemfelder den Wirkungskreis des Unternehmens verlassen und Auswirkungen auf die Reputation haben könnten.

- Eine gründliche Risikoanalyse und eine Business-Impact-Analyse müssen durchgeführt werden. Dazu gehören alle internen und externen Abhängigkeiten und Vernetzungen sowie die entlang der Wertschöpfungskette vor- und nachgelagerten Stellen wie Lieferanten und Kunden.

- Es soll ein systematischer Ansatz von Business Continuity implementiert und die Bedeutung von BCM deutlich gemacht werden.

- Bei der Umsetzung sollte sich an bewährte internationale Ansätze gehalten werden.

ISO 22301 kann hier als passender Leitfaden herangezogen werden.

4.3 Das PDCA-Modell innerhalb des BCM-Lebenszyklus

BCMS-Vereinbarungen müssen umgesetzt werden, damit

- mögliche Verluste identifiziert werden können,

- tragfähige Recovery-Strategien und Notfallpläne gepflegt werden, und die

- Gewährleistung von Kontinuität der Produktionen und Dienstleistung durch Übung, Wartung und Überprüfung gesichert ist.[112]

---

[112] BSI (2012): Business Continuity Exercises an Tests: Delivering Successful Exercise Programmes with ISO 22301, 2. Auflage, S. 2.

Die Anwendung des PCDA-Modells[113] hilft dabei, dies mit seinen vier Teilen gemäß Unterkapitel 0.2 der ISO 22031:2012 umzusetzen. Abbildung 6 zeigt das auf die BCMS-Prozesse angepasste PDCA-Modell:

- Plan (Establish)

  In diesem Teil werden BC-Politik, Ziele, Vorgaben, Kontrollen, Prozesse und Verfahren, die zur Verbesserung der Business Continuity relevant sind, geplant. Betrachtete Probleme sollen genau beschrieben werden und mögliche Verbesserungen können so bereits identifiziert werden. Ursachen für Prozessabweichungen sollen bereits bestimmt sein.

  Die Unternehmensstruktur muss erkannt und verstanden werden. Die Organisationsstruktur und die Ausrichtung des Unternehmens sollten verstanden sein. Die Möglichkeit der BIA (Business Impact Analyse) kann dazu genutzt werden, Auswirkungen eines (schädlichen) Ereignisses zu identifizieren, zu quantifizieren, zu qualifizieren und zu dokumentieren.

- Do (Implement and Operate)

  In der Phase Durchführung, Beachtung und Analyse werden die BC-Politik, Ziele, Vorgaben, Kontrollen, Prozesse und Verfahren umgesetzt und betrieben. Die einzelnen BCM-Strategien für die Prozesse und für die Wiederherstellung der Ressourcen werden festgelegt.

- Check (Monitor and Review)

  In der Bewertungsphase sind Überwachung und Überprüfung der Leistung gegenüber der BC-Politik und deren Ziele inklusive Business Continuity-Pläne enthalten. Weiterhin werden Ergebnisse zur Überprüfung an das Management berichtet, sodass etwaige weitere Entscheidungen und Maßnahmen getroffen werden können, um die Prozesse

---

[113] Vgl. Deming, W. E. (1997): The Service Profit Chain: How Leading Companies Link Profit and Growth to Loyalty, Satisfaction and Value, S.148. The Free Press, New York.

kontinuierlich zu verbessern. In diesem Schritt werden auch die Reaktionen durch das BCM entwickelt und umgesetzt. Dazu gehören auch die Kommunikation nach außen, das Krisenmanagement und die Öffentlichkeitsarbeit.

- Act (Maintain and Review)

  Das BCMS soll dauerhaft aufrechterhalten und verbessert werden. Bei Bedarf sorgen gegensteuernde Maßnahmen, basierend auf den Ergebnissen der Management-Reviews und nach Aufarbeitung der Ziele von BCMS und der PC-Politk und deren Ziele.[114] Neben der sogenannten Übung der BCM-Pläne, der BCM-Reviews und der ganzheitlichen BCM-Pflege können durch das Erkennen von Verbesserungspotenzialen Einzelprozesse verbessert werden. Diese Phase entscheidet zudem auch darüber, ob eine Prozessänderung angegangen wird.

---

[114] Vgl. BSI (2012): Business Continuity Exercises an Tests: Delivering Successful Exercise Programmes with ISO 22301, 2. Auflage, S. 3f.

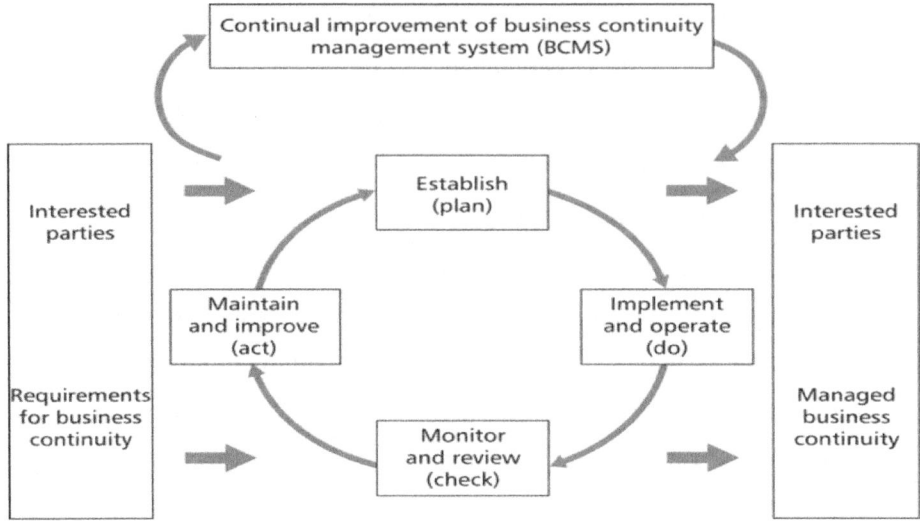

Abbildung 6: PDCA-Modell, angewandt auf die BCMS-Prozesse[115]

4.4 Tests und Übungen

Kapitel 8 der ISO 22301 behandelt Tests und Übungen. Der BSI-Standard 100-4 zur Business Continuity befasst sich ebenfalls in Kapitel 8 mit diesen Themen.

Um die Angemessenheit, Effizienz und Aktualität der Notfallvorsorgeplanung und der Notfall- und Krisenbewältigung sicherzustellen, sind die Vorsorgemaßnahmen, die organisatorischen Strukturen und die unterschiedlichen Pläne regelmäßig in Tests und Übungen zu überprüfen. Tests und Übungen verifizieren die dem Konzept zugrunde liegenden Annahmen. Übungen trainieren die in den Plänen beschriebenen Abläufe, schaffen routinierte Handlungsabläufe und verifizieren die effiziente Funktionalität der Lösungen.[116] Naujoks schreibt zum Thema Prüfung, Test und Überwachung der Notfallplanung,

---

[115] Vgl. BSI (2012): Business Continuity Exercises an Tests: Delivering Successful Exercise Programmes with ISO 22301, 2. Auflage, S. 3.
[116] Vgl. BSI (2009): Notfallmanagement: BSI-Standard 100-4 zur Business Continuity. Bundesamt für Sicherheit und Informationstechnik, S. 113.

dass es besser sei, ohne Plan als nach einem veralteten zu handeln. Eine Qualitätssicherung für die Maßnahmen zur Notfallplanung sei deshalb unverzichtbar und muss in regelmäßigen Abständen aktualisiert werden. Prüfpläne, Vorschriften für die Durchführung von Tests und Dokumentprüfungen sind dafür grundlegende Voraussetzungen. Die Überprüfungen sollten sowohl den IT- als auch den geschäftlichen Bereich umfassen. Die Überwachung des gesamten Notfallplanungsablaufs bildet einen wichtigen Bestandteil des allgemeinen Risikomanagements. Die Notfallplanung besteht dabei aus einem Zyklus, der mit der Analyse beginnt. Danach führt er über die Lösungsarchitektur und die Implementierung bis zu den Testverfahren, deren Ergebnisse dann normalerweise in eine neue Analyse einfließen. Die Festschreibung der grundlegenden Projektierung findet nach der erfolgreichen Durchführung sämtlicher Tests statt. Nach dieser Beschlussfassung sollte die Linienfunktion „Notfallplanung" offiziell eingesetzt und periodisch geprüft, überwacht und optimiert werden.[117] In der ersten Phase „Test und Planfestschreibung" werden sich Gedanken zu den Themen grundlegende Aktivitäten, Testplan und Testverfahren gemacht. Arten von Tests und Übungen wie Bewusstseinsbildung, Schreibtischtest, Szenariotest, technischer Test sowie die Benutzerübung als „Generalprobe" stehen dafür zur Verfügung.[118] Die wichtigsten Aktivitäten in der nächsten Phase sind Wartung, Test, Schulung und Training sowie die Weiterentwicklung bei der Einführung neuer oder der Änderung bestehender Prozesse einschließlich der Prozessunterstützung. Die Wartungs- und Testaktivitäten müssen sorgfältig überwacht werden. Regelmäßige Intervalle sowie ein jährlicher Wartungsplan sind hier hilfreich und unterstützend.[119]

---

[117] Vgl. Naujoks, U. (2003): in: Wieczorek, M./Naujoks, U./Bartellt, B. (Hrsg.): Business Continuity, IT Risk Management for international corporations, S. 129.
[118] Vgl. Naujoks, U. (2003): in: Wieczorek, M./Naujoks, U./Bartellt, B. (Hrsg.): Business Continuity, IT Risk Management for international corporations, S. 130ff.
[119] Vgl. Naujoks, U. (2003): in: Wieczorek, M./Naujoks, U./Bartellt, B. (Hrsg.): Business Continuity, IT Risk Management for international corporations, S. 133ff.

4.5 Früherkennung durch interne Kontrollsysteme und Monitoring

Im Bereich der IT gibt es die technische Möglichkeit des proaktiven Monitorings, um Probleme rechtzeitig eskalieren zu lassen (siehe Kapitel 2.6).

In Kapitel 4 der GoBS[120] werden die Anforderungen an das interne Kontrollsystem (IKS) definiert, wobei das IKS als „die Gesamtheit aller aufeinander abgestimmten und miteinander verbundenen Kontrollen, Maßnahmen und Regelungen" verstanden wird. Das IKS hat danach folgenden Aufgaben zu erfüllen:

- Sicherung und Schutz des vorhandenen Vermögens und vorhandener Informationen vor Verlusten aller Art.

- Bereitstellung vollständiger, genauer und aussagefähiger sowie zeitnaher Aufzeichnungen.

- Förderung der betrieblichen Effizienz durch Auswertung und Kontrolle der Aufzeichnungen.

- Unterstützung der Befolgung der vorgeschriebenen Geschäftspolitik.

Insbesondere die zweite und dritte Aufgabe haben direkten Einfluss auf die IT-Dokumentation.[121]

COSO als Beispiel ist ein ERM[122]-Framework, um ein internes Kontrollsystem abzubilden. Die Bestandteile des COSO-Modells sind:

- Internes Kontrollumfeld

- Zielsetzung

- Ereignisidentifikation

- Risikobeurteilung

---

[120] GoBS: Grundsätze ordnungsgemäßer DV-gestützter Buchführungssysteme
[121] Reiss, M./Reiss, G. (2010): Praxisbuch: IT-Dokumentation: Betriebshandbuch, Projektdokumentation und Notfallhandbuch im Griff, S.29.
[122] ERM: Enterprise Risk Management System

- Risikoreaktion

- Kontrollaktivitäten

- Information und Kommunikation

- Monitoring

Nach Fertigstellung der Notfallplanung ist es außerordentlich wichtig, einen kontinuierlichen Überblick über die Notfallaktivitäten und die Ereignisse zu behalten. Je mehr Bereiche ein Unternehmen umfasst, umso mehr Aufwand erfordert der jährliche Notfallplanungsbericht. Eine mögliche Lösung für die Aufstellung der Berichte ist eine strukturierte Selbstbewertung mit einer großen Anzahl vorformulierter Fragen, die von den Verantwortlichen für die Notfallplanung jedes Bereichs auf jährlicher Basis anzufertigen ist. Damit gewinnt man nicht nur Erkenntnisse, sondern schafft einen Regelkreis zur stetigen Verbesserung der Richtlinien und Vorschriften. Eine strukturierte Vorgehensweise hilft dem Notfallkoordinator bei der Durchführung und erleichtert den übergeordneten Stellen die Überwachung. Somit ist auch gewährleistet, mithilfe gut strukturierter Standards für Notfallpläne, einschließlich einer wirksamen Überwachung, optimale Bewertungen durch interne und externe Prüfungskommissionen zu erhalten.[123]

4.6 Einfluss auf Unternehmenswert

Der Unternehmenswert (Shareholder-Value) hat sich als sinnvoller Erfolgsmaßstab und als Steuerungsgröße für ein Unternehmen etabliert. In dieser Kennzahl werden zukünftig erwartete Erträge und Risiken erfasst.[124]

Ein effektives Risikomanagement unterstützt die Planungen und die Steuerbarkeit eines Unternehmens. Vielleicht wird nicht mehr jeder Auftrag angenommen, um Ausfallrisiken zu vermeiden. Dies kann einen positiven Einfluss

---

[123] Vgl. Naujoks, U. (2003): in: Wieczorek, M./Naujoks, U./Bartellt, B. (Hrsg.): Business Continuity, IT Risk Management for international corporations, S. 136f.
[124] Vgl. Gleißner, W. (2011): Grundlagen des Risikomanagements in Unternehmen, S. 290.

auf das zu erwartende Ertragsniveau nach sich ziehen. Unerwartete Rückgriffe auf externe und teure Finanzierungsquellen, und seien es nur Kontokorrentkredite, können verhindert werden. Kapitalkosten werden reduziert und somit der Unternehmenswert erhöht. Im Umkehrschluss wird die Insolvenzwahrscheinlichkeit verringert und mit dem Befassen etwaiger Risiken auch das Rating der Banken bei mittel- und langfristigen Kapitalbeschaffungen zu annehmbaren Konditionen signifikant verbessert.

Allgemein gibt ein Unternehmen im Rahmen eines Rating-Prozesses seitens der Banken ein besseres Bild ab, als dies ohne ein BCM der Fall wäre. Erstens macht das Unternehmen damit deutlich, dass es sich intensiv mit seinen Risiken und etwaigen Notsituationen auseinandersetzt, wodurch die Gefahr zukünftiger Misserfolge reduziert wird. Zweitens steht ein Unternehmen, das bereits einige Zeit erfolgreich Risikomanagement und BCM praktiziert, in aller Regel finanziell deutlich besser da, als wenn es dies unterlassen hätte. In den Finanzkennzahlen eines Unternehmens, die das Rating maßgeblich bestimmen, zeigen sich gerade die Risiken, die zuletzt wirksam geworden sind. Auf diesen beiden Wegen hilft Risikomanagement dem Unternehmen, auch in Zukunft ausreichenden Zugang zu Fremdkapital mit günstigen Konditionen zu erhalten.[125]

Risikoreduzierung mittels BCM sorgt nicht nur bei den Inhabern und Gesellschaftern für Vertrauen, sondern wirkt sich darüber hinaus auch positiv auf stabile Mitarbeiter-, Kunden- und Lieferantenbeziehungen aus, die wiederum die Unternehmensentwicklung und den Unternehmenswert positiv beeinflussen können.

Das Ziel sollte neben RM ein durch BCM unterstütztes „robustes Unternehmen" sein, das so flexibel und beweglich ist, sich an unvorhergesehene Entwicklungen anpassen zu können. Risiken können durch den „Sicherheitspuf-

---

[125] Vgl. Gleißner, W. (2011): Grundlagen des Risikomanagements in Unternehmen, S. 21.

fer" Eigenkapital getragen werden. Das „robuste Unternehmen" konzentriert sich auf die Kernkompetenzen, baut auf dieser Grundlage Wettbewerbsvorteile auf und meidet unattraktive Tätigkeitsfelder oder Kundengruppen konsequent. Die Wertschöpfungskette wird dahin gehend optimiert, dass nur Aktivitäten im Unternehmen erbracht werden, die nicht besser zugekauft werden können. Die Arbeitsabläufe sollen unkompliziert unter Beachtung von Kosten-, Risiko-, Geschwindigkeits- und Qualitätsaspekten gestaltet sein.[126]

Junginger fasst die wertorientierte Steuerung von Risiken im Informationsmanagement wie folgt zusammen. Der Einsatz von Informationssystemen zur Unterstützung der wertorientierten Steuerung von Risiken im Informationsmanagement leistet einen wichtigen Beitrag bei der effizienten Bewältigung der damit verbundenen Aufgaben. Durch die Möglichkeit einer verteilten Risikoerfassung sowie einer Aufbereitung und Dokumentation der Ergebnisse der Risikoanalyse und der Risikosteuerung mit umfangreichen Analyse- und Berichtsfunktionen wird der administrative Aufwand erheblich verringert. Ebenfalls wird durch eine gestiegene Transparenz die Qualität des Risikomanagements verbessert. Eine systematische Unterstützung der wertorientierten Risikosteuerung kann durch Risikoinformationssysteme gut unterstützt werden.[127] So wird der Business-Continuity-Prozess maximal unterstützt.

Zusammenfassend ergeben sich Vorteile in den Bereichen:

- Sicherheit für Banken und Stakeholder

- Positives Image bei Kunden, Lieferanten und neuen Geschäftspartnern

- Verbesserung der Wertschöpfungskette

- Erhöhung der Versicherbarkeit und etwaige Reduzierung von Versicherungsprämien

---

[126] Vgl. Gleißner, W. (2011): Grundlagen des Risikomanagements in Unternehmen, S. 54, 55.
[127] Vgl. Junginger, M. (2005): Wertorientierte Steuerung von Risiken im Informationsmanagement, S. 316.

- Brancheninternes Benchmarking führt zur Verbesserung der unternehmensinternen Abläufe

- Reduzierung der Aufwände bei Prüfungen durch Aufsichtsorgane und Prüfer

5 Informationstechnologie im Unternehmen

5.1 Notfallmanagement

Das oberste Ziel des Notfallmanagements ist es, kritische Geschäftsprozesse aufrechtzuerhalten und die Auswirkungen von Schadensereignissen auf die Institution zu minimieren. Um dieses zu erreichen, sind strategische Entscheidungen zu treffen, Organisationsstrukturen zu etablieren und Maßnahmen umzusetzen. Der Prozess „Notfallmanagement" muss von der obersten Leitungsebene der Institution initiiert, gesteuert und kontrolliert werden. Diese muss sich aktiv mit der Notwendigkeit eines Notfallmanagements auseinandersetzen. Die Gründe für die Einführung sollten der Leistungsebene vermittelt werden. Neben der Definition des Notfallmanagements ist der Geltungsbereich festzulegen, um die rechtlichen und sonstigen Anforderungen einhalten zu können. Organisatorische Voraussetzungen sind zu schaffen und damit die Rollen in der Notfallvorsorgeorganisation und Notfallbewältigungsorganisation festzulegen. Die Leitlinie ist zu bestimmen, Ressourcen müssen bereitgestellt und alle Mitarbeiter eingebunden werden.[128]

5.2 Business Continuity Management in der IT

Es sei ein Hinweis im Hinblick auf Verfügbarkeiten, Service Level Agreements (Dienstgütevereinbarungen) und Reaktionszeiten angebracht. Viele Dienstleister werben mit markigen Sprüchen wie „99% Verfügbarkeit". Dass diese angegebene Verfügbarkeit zu einem existenzbedrohenden Risiko werden kann, ist vielen Unternehmen nicht bewusst. 99% Verfügbarkeit der IT auf das Jahr gerechnet ergeben bei 365 Tagen genau 361,35 Tage. Damit könnte die Verfügbarkeit der IT um genau 3,65 Tage beziehungsweise 87,6 Stunden eingeschränkt sein. Wird dieses Beispiel auf einen 7,5-Stunden-Tag in der Unternehmensverwaltung heruntergerechnet, sind wir bereits bei fast

---

[128] BSI (2009): Notfallmanagement: BSI-Standard 100-4 zur Business Continuity. Bundesamt für Sicherheit und Informationstechnik, S. 31 ff.

© Springer Fachmedien Wiesbaden GmbH, ein Teil von Springer Nature 2014
S. Spörrer, *Business Continuity Management*, Edition KWV,
https://doi.org/10.1007/978-3-658-23403-4_5

12 Arbeitstagen Ausfall. Um also einen 7,5-Stunden-Arbeitstag schadlos überbrücken zu können, wäre eine Verfügbarkeit von 99,997% notwendig. So ähnlich verhält es sich mit den Reaktionszeiten. Dieser Zeitraum bedeutet nach den meisten Verträgen das Zeitfenster zwischen der Meldung eines Problems bis zu einer Antwort. In einem Beispiel sei die Reaktionszeit mit vier Stunden vereinbart, die Regelarbeitszeiten seien dabei mit 08.00 bis 17.00 Uhr festgelegt. Erfolgt nun die Meldung eines Problems gegen 15.00 Uhr, so kann es sein, dass erst am nächsten Arbeitstag bis 10.00 Uhr eine Rückmeldung erfolgt. Erst dann wird vereinbart, wann ein Servicetechniker die nächsten 72 Stunden zur Begutachtung des Problems beim Unternehmen vor Ort ist. Die Abstellung des Problems ist damit noch nicht vereinbart. Das Diagramm in Abbildung 7 zeigt den geschäftskritischen Pfad vom Disaster- bis zum unternehmenskritischen Bereich BC. Es stellt den kritischen Pfad dar, sich nach einer Störung zu erholen. Es zeigt eine Möglichkeit für das Management auf, mittels Risikopriorisierung und Wiederherstellungsstrategien die Umsetzung eines BC-Programms anzugehen.

Derartige Ausfall- und Wartezeiten kann sich der größte Teil der Unternehmen nicht leisten. Vor allem in den Bereiche Automotive und Produktion sind Stillstandzeiten in der IT schwer schädigend. Für diejenigen Kunden, die auf ihrem Unternehmensareal mehrere Gebäude zur Verfügung stehen haben, haben wir vor einigen Jahren ein System namens „IT in getrennten Brandabschnitten" eingeführt. Die Systeme sind komplett redundant ausgelegt. Bei Ausfall eines aktiven oder passiven Bauteils in einem der Brandabschnitte werden sekundengleich die Systeme im anderen Brandschnitt die Aufgaben des ausgefallenen Bereichs übernommen. Für Brand- oder Gebäudeschäden werden zudem Notfallpläne aufgestellt, damit vorher bestimmte Personen Arbeitsplätze an vorher festgelegter Stelle mit Notfallequipment übernehmen können, sodass keine Ausfallzeiten entstehen.

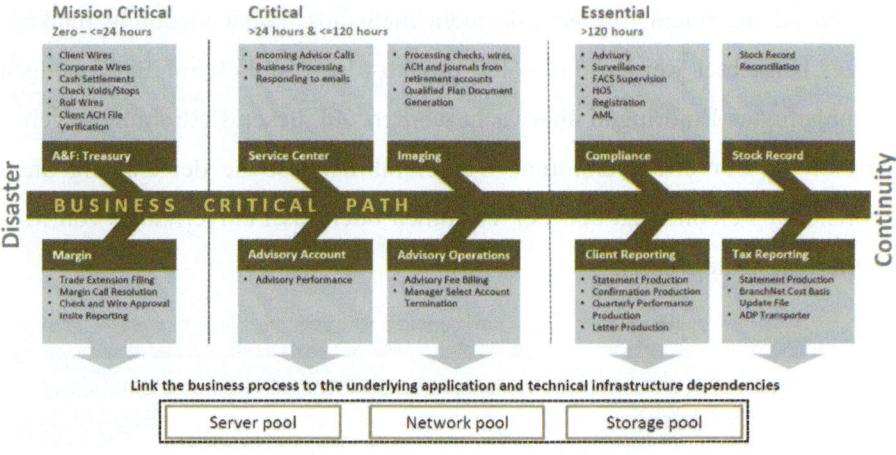

Abbildung 7: "Business Critical Path"-Diagramm[129]

In diesen Notfallplänen sind auch Handlungsanweisungen enthalten, damit vorher bestimmte Personen bei Notfällen nach Hause gehen können und sich auf Abruf bereithalten.

5.3 Physikalische Bedrohungen

Eingeführte Verfahren zur Überwachung von Server- und Datacenterumgebungen stammen noch aus einer Zeit, als sich die EDV-Fachleute auf ihr Gefühl verlassen haben. Verteilte Datenhaltung und neue Servertechnologien mit damit verbundener Leistung auf kleinstem Raum stellen neue Anforderungen an Räume, Klima und Stromversorgung. Die rasante Steigerung der Leistungsdichte und die wechselnden Leistungsanpassungen machen Änderungen in der Methodik der Überwachung von IT-Umgebungen erforderlich. Überwachungs- und Warnfunktionen in physikalischen Systemen, wie USV-Systeme, Klimaanlagen in Computerräumen sowie Feuerlöschsysteme, sind zwar inzwischen die Regel, jedoch werden andere Aspekte

---

[129] Vgl. Ness, M. (2012): Business Continuity Management (BCM): Reducing Corporate Risk And Exposure Through Effective Processes And Controls Implementations, ISACA, S. 41.

der physikalischen Umgebung häufig nicht beachtet. Die Überwachung von Geräten alleine reicht mittlerweile nicht mehr aus. Die Umgebung muß als Ganzes betrachtet werden und sollte proaktiv im Hinblick auf Bedrohungen und unbefugtes Eindringen überwacht werden. Zu diesen Bedrohungen gehören extreme Servertemperaturen, Wassereinbrüche sowie der Zugang nicht autorisierter Personen zu den Serverräumen oder das Fehlverhalten von Mitarbeitern im Datencenter.[130]

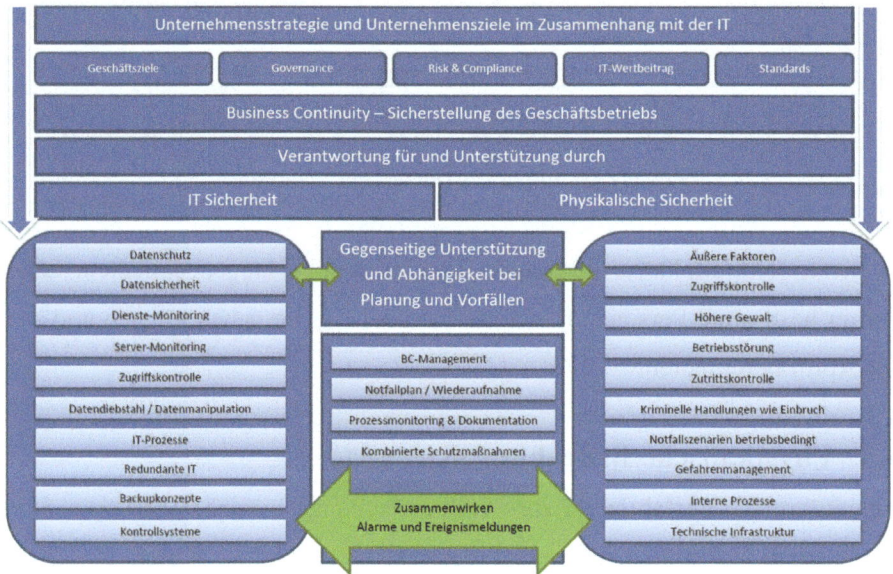

Abbildung 8: IT- und physikalische Sicherheit im Verbund (eigener Entwurf)

Zu den verteilten physikalischen Bedrohungen gehören:

- Gefährdung von IT-Geräten durch die Luftqualität wie Temperatur oder Luftfeuchtigkeit

- Flüssigkeitsschäden

- Menschliche Anwesenheit oder ungewöhnliche Aktivitäten

---

[130] Vgl. Cowan, C./Gaskins, C. (2006): Überwachung von physikalischen Bedrohungen im Datencenter, APC White Paper Nr. 102, S. 1.

- Gefährdung von Personen durch die Luftqualität (Fremdstoffe in der Luft)

- Rauch und Feuer aufgrund von Gefahren im Datencenter[131]

Die physische IT-Sicherheit befasst sich zusammenfassend mit allen Maß-
nahmen zur Vermeidung von Gefahren durch unmittelbare physische Einwir-
kung auf Systeme der Informationstechnologie. Zum Bereich der physischen
IT-Sicherheit gehören beispielhaft das Wegsperren von Datenträgern, das
körperliche Sichern von mobilen Geräten und das Einstellen von Systemen in
Serverräumen und Rechenzentren, die durch Zutrittskontrollen gesichert sind.
Die physische IT-Sicherheit ist abgegrenzt gegen die Sicherheit vor logischen
Fehler durch Programme oder Bedienung und vor unberechtigten Zugriff.
Abbildung 8 zeigt das Zusammenwirken und gegenseitige Abhängigkeit der
IT-Bedrohungen und der physikalischen Bedrohung. Eine Trennung ist nicht
mehr möglich. Nur in einem sinnvollen Verbund mit fachübergreifender Zu-
sammenarbeit ist eine effektive und effiziente Nutzung unter Beachtung der
Geschäftsziele, Governance, Risk, Compliance, Standards und des IT-
Wertbeitrags möglich.

5.4 Serviceorientierte Architekturen (SOA)

Serviceorientierte Architekturen (SOA) versprechen Verbesserungen. Bei
SOA handelt es sich um eine Softwarearchitektur, die auf Servicekomponenten als Grundbausteine für Geschäftsprozesse beruht. Ein Service ist eine in
sich abgeschlossene Softwarekomponente, die eine wohldefinierte, fachlich
beschriebene Funktionalität über eine gleichfalls wohldefinierte Schnittstelle
anbietet. Servicekomponenten, die Träger der Services, sind lose miteinander
gekoppelt bzw. können verbunden werden. Weniger streng gefasst sind Servicekomponenten auch als wiederholbare Schritte in Geschäftsprozessen zu

---

[131] Vgl. Cowan, C./Gaskins, C. (2006): Überwachung von physikalischen Bedrohungen im Datencenter, APC White Paper Nr. 102, S. 5.

verstehen.[132] SOA unterstützt als technisches Konzept die Dienstleistungsorientierung auf der Ebene der Informationssysteme (IS). SOA wird vielfach als „Enabler" gesehen, um auch den Wandel im Bereich der Applikationen proaktiv zu begegnen und die IT „agiler" zu gestalten. Mit einem Wirkungsmodell ist es möglich, abstrakte technische Konzepte wie SOA so weit aufzugliedern, bis ihre Anwendung konkret greifbar wird. Diese anwendbaren technischen Eigenschaften werden dann mit geschäftlichen Anforderungen verknüpft, zu deren Erfüllung sie beitragen und so ökonomischen Nutzen stiften. Auf diese Weise werden Wirkungsbeziehungen zwischen den technischen Eigenschaften von SOA und ihrer ökonomischer Wirkung hergestellt. Ob das Konzept der SOA die Versprechen nicht nur technisch, sondern auch wirtschaftlich einlösen kann, wird kontrovers diskutiert. Basierend auf den Vorschlag eines Wirkungsmodells für SOA, das ausgehend von den technischen Eigenschaften eine Aussage über die ökonomischen Potenziale zulässt, werden Grundzüge einer monetären Wirtschaftlichkeitsanalyse für eine SOA dargelegt. Im Vorgriff auf das Kapitel zum Thema Wertbeitrag sei angemerkt, dass es aus Sicht des IT-Verantwortlichen meist unklar ist, ob und wie diese Potenziale von SOA zu einer messbaren Leistungsverbesserung in der Informationssystemlandschaft führen und wie diese monetär bewertet werden.[133]

5.5 IT-Architektur und veränderte Anforderungen an die IT

Die für die zukünftige IT wesentliche Eigenschaft der Flexibilisierung der Geschäftsprozesse kann meist nur über eine adaptive IT-Architektur kosteneffizient erreicht werden. Die IT-Landschaft in typischen Unternehmen aller industriellen Sparten und im öffentlichen Bereich ist heute jedoch von der Erfüllung dieser zentralen Anforderung weit entfernt. Sie ist in der Regel orga-

---

[132] Vgl. Johannsen, W./Goeken, M.(2007): Referenzmodell für IT-Governance: Strategische Effektivität und Effizienz mit COBIT, ITIL & Co., S. 189.
[133] Vgl. Müller, B./Viering, G./Ahlemann, F./Riempp, G. (2008): Wertbeitrag der IT-Compliance, in: Praxis der Wirtschaftsinformatik, HMD, Heft 263, Hildebrand, K./Meinhardt, S. (Hrsg.), S. 108.

nisch um größere Anwendungsblöcke herum gewachsen (Verwaltung, Vertrieb, Logistik, Produktion, etc.), die dann im Laufe der Zeit untereinander vernetzt wurden.[134]

Fehlende oder mangelhafte IT-Architektur ist eines der Problemfelder im Business Continuity Management. Mit dem Begriff IT-Architektur werden alle statischen und dynamischen Aspekte der IT in einer Organisation bezeichnet. Dazu gehören die Infrastruktur und das dazugehörige Management.

Damit die IT-Architektur eine angestrebte Lösungsqualität festlegen und erreichen kann, muss sie meist vorgängig unterschiedliche Architekturergebnisse, wie zum Beispiel Architekturvorgaben und –maßnahmen, erarbeiten und umsetzen. Das Festlegen und Erreichen einer bestimmten Lösungsqualität zur Vermeidung von Risikoeintritten verursacht Kosten. Sie stellen damit nichts anderes als Architekturinvestitionen dar. Deren Nutzen ist mit einer Option zu vergleichen. Der Nutzen kommt erst zum Tragen, falls die Option eingelöst wird bzw. falls die bestimmten Änderungen und Erweiterungen in der IT-Lösung wirklich wahrgenommen werden müssen. Solche Architekturinvestitionen stellen eine Risikoinvestition dar.[135]

Abbildung 9 zeigt einen möglichen Aufbau einer Unternehmensarchitektur, die neben den Bereichen Geschäftsarchitektur die beiden Bereiche Informationssystemarchitektur und Informationstechnologiearchitektur beinhaltet. Verbesserungen in den einzelnen Bereichen stehen in dauerhafter Wechselwirkung mit der gesamten Unternehmensarchitektur. Änderungen in den einzelnen Säulen haben wiederum Auswirkung auf die gesamte Architektur. Die drei Säulen können jederzeit durch sinnvolle und notwendige Bereiche ergänzt werden. In der Abbildung sind dies beispielhaft die Bereiche Datensicherheit und Informationssicherheit.

---

[134] Vgl. Johannsen, W./Goeken, M.(2007): Referenzmodell für IT-Governance: Strategische Effektivität und Effizienz mit COBIT, ITIL & Co., S. 188.
[135] Vgl. Schönbächler, M./Pfister, C. (2011): IT-Architektur, Grundlagen, Konzepte und Umsetzung, S. 75, f.

Die ISO 22301 unterstützt bei der Überwachung und Optimierung der IT-Architektur in einem Unternehmen. Neben der Geschäfts-Architektur werden auch die Bereiche Informationssystem-Architektur (u.a. Daten und Anwendungen) und Informationstechnikarchitektur (u.a. Hardware, Standorte, Netzwerke) sowie das IT-Management (u.a. Ressourcenplanung, Notfallplanung, Ausfallsicherheit, Verfügbarkeit) neben Datensicherheit und Informationssicherheit kontinuierlich überwacht, bei Bedarf angepasst und optimiert.

Zu Beginn der IT-Ära war EDV mehr Mittel zum Zweck. Mittlerweile können sich Wettbewerbs- und Innovationsvorteile im Sinne eines strategischen Beitrags der IT durch die veränderte Nutzung vorhandener Technologien ergeben. Hier ermöglicht die IT beispielsweise eine grundlegend andere Geschäftstätigkeit und die Durchführung neuer Aktivitäten, durch die sich ein Unternehmen bezüglich Produktportfolio oder Vertrieb neu aufstellen kann. Der IT kommt immer mehr die Aufgabe von IT als „Enabler" zu, wenn sich Geschäftsfunktionen oder Geschäftsmodelle erst durch ihren Einsatz realisieren lassen. Somit wird die Abstimmung des IT-Einsatzes mit der Unternehmensstrategie immer wichtiger, um Kosten und Komplexität beherrschen zu können. Der Einsatz von IT wird dann auf die Unterstützung von marktorientierten Unternehmenszielen und Kernkompetenzen des Unternehmens ausgerichtet sein.[136]

Der Kopf der IT darf nicht mehr nur Techniker oder Informatiker sein, er muss vielmehr als Bindeglied zwischen der Unternehmensleitung und der IT sowohl die Ansprüche durch die Unternehmensstrategie verstehen können als diese auch fachlich an die IT-Abteilungen weitergeben können. Umgekehrt muss er die Prozesse der IT-Landschaft verstehen und Möglichkeiten sowie Probleme aufbereitet der Geschäftsleitung erklären können, sodass diese dies auch ohne fachlichen Hintergrund verstehen kann. Nur so ist ein unterstüt-

---

[136] Vgl. Johannsen, W./Goeken, M.(2007): Referenzmodell für IT-Governance: Strategische Effektivität und Effizienz mit COBIT, ITIL & Co., S. 10.

zendes Verständnis seitens der Unternehmensführung gegenüber der IT-Abteilung zu erreichen. Dieser wichtige Zusammenhang und die neue Aufgabe der IT-Leitung sollen sehr vereinfacht in Abbildung 10 aufgezeigt werden.

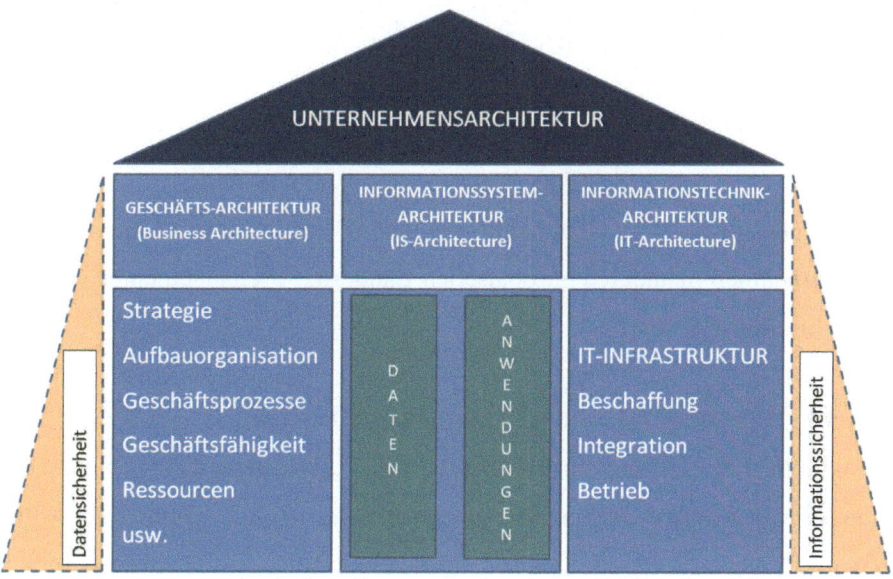

Abbildung 9: IT-Unternehmensarchitektur (eigener Entwurf)

In einem europäischen Bericht über Server und Storage durch die Forschungsfirma Vanson Bourne wurden Einstellungen und Meinungen von 1150 Eigentümern und Entscheidungsträgern von branchenunterschiedlichen Unternehmen in Europa bezüglich Veränderungen bei den IT-Erfordernissen erfasst[137]. 22% verfügen über keinen Server. Dies ist der höchste Wert in Europa. 90% der Unternehmen in Deutschland erleben IT-Ausfälle, 38% mindestens einmal im Monat. 15% der deutschen Kleinunternehmen nutzen bereits Cloud-Computing zumindest teilweise.

---

[137] Vgl. DELL (2012): Der Umgang mit veränderten IT-Anforderungen: Ein europäischer Bericht über Server und Storage für Kleinunternehmen, S. 3.

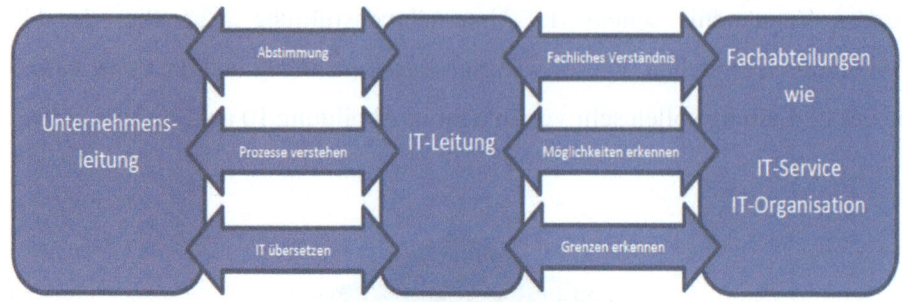

Abbildung 10: Neue Funktion der IT-Leitung (eigener Entwurf)

Sie sind eher dazu bereit, Applikationen und IT „in die Cloud" zu verlagern als Unternehmen in anderen europäischen Ländern. 26% planen einen solchen Schritt bis zum Jahr 2015.[138]

5.6 IT-Wertbeitrag und Wertbeitragsmessung

Die aktuelle Entwicklung der Tätigkeiten in der IT beschreibt unter anderem eine Gratwanderung zwischen dem Nachholen von zurückgestellten Investitionen im IT-Bereich, um die in den letzten Jahren gestiegenen Anforderungen an die IT bezüglich neuer Gesetze und Normen zu erreichen. Daneben sollen IT-Standards und Forderungen durch Ansprüche seitens Business Continuity sinnvoll umgesetzt werden. Zudem muss die IT immer wieder ihre Daseinsberechtigung unter Beweis stellen. Einen Wertbeitrag in Produktionsabteilungen zu berechnen erscheint hier weitaus einfacher zu sein als im Bereich Informationstechnologie. Neben den physikalischen Änderungsanforderungen ist die „neue Rolle" der IT kritisch zu betrachten. Von der IT wird verstärkt gefordert, dass sie aktiver einen Wertbeitrag zu leisten habe. Es wird verlangt, zunehmend flexibler, direkter und messbarer zum geschäftlichen Erfolg eines Unternehmens beizutragen. In der Folge ist die IT weitgehend der Möglichkeiten beraubt, sich als technikorientierter und interner Dienstleister einer

---

[138] DELL (2012): Der Umgang mit veränderten IT-Anforderungen: Ein europäischer Bericht über Server und Storage für Kleinunternehmen, S. 4.

Wirtschaftlichkeitsdiskussion entziehen zu können oder diese allein auf Kostengesichtspunkte zu beschränken.[139]

Informationstechnologie hat seit Beginn ihrer kommerziellen Nutzung zwei Hauptziele. Sie muss einerseits die Position des Unternehmens gegenüber dem Wettbewerb verbessern, andererseits den Geschäftsbetrieb im Hinblick auf BC sicher, fehlerfrei, effizient und kostengünstig unterstützen. Daher lautet die Anforderung an den Chief Information Officer (CIO), mehr Wertbeitrag durch die IT und bessere Performance in der IT zu erreichen. Wertbeitrag bedeutet, mit der IT das Passende und Richtige für das Unternehmen zu tun. Performance heißt, dies bestmöglich zu leisten. Wertbeitrag schafft Profitabilität, Produktivität und Qualität. Performance heißt Effizienz, Effektivität sowie geringe Kosten. Beide Forderungen bestehen unabhängig von der steigenden Komplexität der IT im Unternehmen, der wachsenden Verflechtung mit externen Dienstleistern und der teils hohen Divergenz unternehmensinterner Ansprüche an die IT. Für den CIO geht also um die optimale Mittelverwendung für Technologie, Infrastruktur, Betrieb, Projekte und Personal. Für den Wertbeitrag ist eine performante IT notwendig, jedoch nicht hinreichend. Mehr Investitionen führen nicht zwangsläufig zu mehr Verbesserung. Anders wirken Investitionen, die die IT auf das Kerngeschäft des Unternehmens ausrichten und so das IT/Business-Alignment verbessern.[140]

Im Schlussbericht zum Forschungsprojekt „Wertbeitrag der IT" des Instituts für Unternehmenskybernetik an der TWTH Aachen wurde der Begriff Wertbeitrag der IT wie folgt definiert: Der Wertbeitrag der IT ist der Betrag der IT zur Wettbewerbsfähigkeit eines Unternehmens[141], besteht aus einer unter-

---

[139] Vgl. Johannsen, W./Goeken, M.(2007): Referenzmodell für IT-Governance: Strategische Effektivität und Effizienz mit COBIT, ITIL & Co., S. 5.
[140] Böhm, M. (2008): Wertbeitrag der IT-Compliance, in: Praxis der Wirtschaftsinformatik, HMD, Heft 263, Hildebrand, K./Meinhardt, S. (Hrsg.), S. 15f.
[141] Vgl. RWTH (2011): Wertbeitrag der IT, Messen des Wertbeitrags der Unternehmens-IT, S. 12, Mirani, R/Lederer,A. (1998); An Instrument for Assessing the Organizational Benefits of IS Projects. In: Decision Sciences, 29. Jg., 1998, Nr. 4, S. 803-829.

nehmensinternen Bewertung (absolute Sichtweise)[142] und besteht aus einem Vergleich zwischen Unternehmen (relative Sichtweise).[143]

Die Diskussion um den Wertbeitrag von IT wird im deutschen und intensiver noch im angelsächsischen Raum bereits seit Jahren unter dem Stichwort „Business Value of IT" geführt. Eine empirische Studie der EIU[144] kam zum Ergebnis, dass die Technologieinnovationen und ihre Anwendung als die wichtigste Einflussgröße für das Geschäftsmodell von Finanzdienstleistern bis 2010 gesehen wurde. Deutlich positioniert vor Nachfrageveränderungen, regulatorischen Aspekten oder neuen Wettbewerbern. 84% der Befragten gehen davon aus, dass Technologie allgemein ein kritischer Faktor bei der Anpassung des Geschäftsmodells und bei der Strategieimplementierung ist.[145]

Wissenschaftliche Untersuchungen kommen zu Ergebnissen, dass der IT-Einsatz deutlich positive nachweisbare Auswirkungen auf den Umsatz, die Produktivität und sogar den Markt- bzw. Unternehmenswert hat. Es gibt Produktivitätsunterschiede beim Einsatz von IT, abhängig vom Unternehmen oder vom Land. Untersuchungen von McKinsey und der London School of Economics weisen darauf hin, dass das Potenzial weniger auf der Seite der Informationstechnik an sich zu suchen ist. Die Technologien sind grundsätzlich für jedermann verfügbar. Entscheidend ist vielmehr das Management des Technikeinsatzes, um die effiziente und effektive Nutzung sicherzustellen.[146]

Aktuelle Werkzeuge und Angebote vieler IT-Hersteller konzentrieren sich auf die Festlegung von Zugriffsrechten sowie die Archivierung und die Doku-

---

[142] Vgl. RWTH (2011): Wertbeitrag der IT, Messen des Wertbeitrags der Unternehmens-IT, S. 12, Vgl. Pütsch, F. (2008): Wertbeitrag der IT

[143] Vgl. RWTH (2011): Wertbeitrag der IT, Messen des Wertbeitrags der Unternehmens-IT, S. 12, Mirani, R/Lederer,A. (1998); An Instrument for Assessing the Organizational Benefits of IS Projects. Inn: Decision Sciences, 29. Jg., 1998, Nr. 4, S. 803-829.

[144] EIU: Der Economist Intelligence Unit, www.eiu.com, der englischen Zeitschrift „The Economist" erstellt Analysen und Prognosen für Lander und Branchen für verschiedenste Themen. In der zitierten Studie wurden 577 „Senior Executives" der Finanzdienstleistungsbranche befragt.

[145] Vgl. Johannsen, W./Goeken, M.(2007): Referenzmodell für IT-Governance: Strategische Effektivität und Effizienz mit COBIT, ITIL & Co., S. 7.

[146] Vgl. Johannsen, W./Goeken, M.(2007): Referenzmodell für IT-Governance: Strategische Effektivität und Effizienz mit COBIT, ITIL & Co., S. 8.

mentation von Geschäftsvorfällen. Dies führt dazu, dass zwar zeitpunkt-, nicht jedoch ablaufbezogen Compliance und Governance garantiert werden können. Zukünftige Systeme hingegen werden in ihren „informatischen Mechanismen" auf die gegenwärtig eingesetzten Geschäftsprozesssysteme basieren und diese um Kontrollziele und Risikoeinschätzungen ergänzen. Bis zum Einsatz derartiger automatisierter Systeme werden sogenannte superveniente Systeme eingesetzt.[147]

In der Studie IT-Wertbeitrag mit dem Titel „Messbare Realität oder Illusion"[148] hat man sich mit der Frage befasst, ob der Wertbeitrag der IT überhaupt messbar ist. Es hat in den letzten 30 Jahren gemäß dem Auszug in Abbildung 11 unterschiedliche Ansätze zur Bestimmung des IT-Wertbeitrags gegeben. Die wesentliche Herausforderung besteht sowohl in der richtigen Zurechenbarkeit des IT-Wertbeitrags als auch darin, den individuell empfundenen Beitrag der IT angemessen zu bewerten. Alle Ansätze haben sich in der Praxis entweder als zu einfach, zu komplex oder als nicht anwendbar erwiesen. In der Studie wurde ein Modell erarbeitet, das aus den Dimensionen der Wertschöpfungssektoren und den Handlungsfeldern besteht, die unterschiedlich gewichtet ihren Beitrag zum IT-Wertbeitrag leisten. Das Modell wird nachfolgend verkürzt beschrieben. Das Gesamtergebnis Wertbeitrag der IT besteht in der Folge aus den Bereichen Performance, Innovation, Transparenz und den beiden Bereichen Geschäftsprozessausrichtung und Zuverlässigkeit. Die beiden letzten Bereiche tragen wesentlich zum BC bei.

Im Bereich BCM kristallisieren sich folgende Bereiche heraus, die bei der Messung des IT-Wertbeitrags in Hinblick auf BCM hinterfragt werden:

---

[147] Müller, G./Terzidis, O. (2008): IT-Compliance und IT-Governance, DOI 10.1007/s11576-008-0074-5, in: Wirtschaftsinformatik, WI-EDITORIAL, Oktober 2008, Folge 50, S. 341f.
[148] Vgl. Wegner, J. (2011): Studie: IT-Wertbeitrag: Messbare Realität oder Illusion, CIO Snapshot, Berlin: BearingPoint.

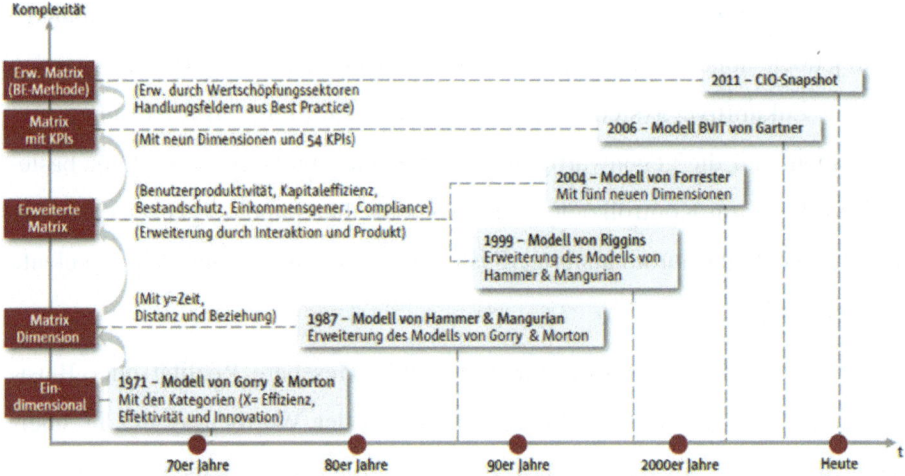

Abbildung 11: Wissenschaftliche Historie der IT-Wertbeitragsmessung[149]

- Wie werden die Kernprozesse im Unternehmen im Detail unterstützt?

- Sind die Leistungen der IT-Organisation und –Infrastruktur verlässlich und stabil?

- Wie leistungsfähig sind IT-Organisation und IT-Infrastruktur?

- Bringt die IT-Organisation Innovationspotenzial in das Unternehmensgeschäft ein?

- Sind Informationen schnell verfügbar und Entscheidungen nachvollziehbar?

Für die Berechnung wurden diese Fragen in die folgenden sogenannten Wertschöpfungssektoren überführt:

- Geschäftsprozessausrichtung

- Zuverlässigkeit

- Performance

---

[149] Vgl. Wegner, J. (2011): Studie: IT-Wertbeitrag: Messbare Realität oder Illusion, CIO Snapshot, Bearingpoint, S. 9.

- Innovation

- Transparenz

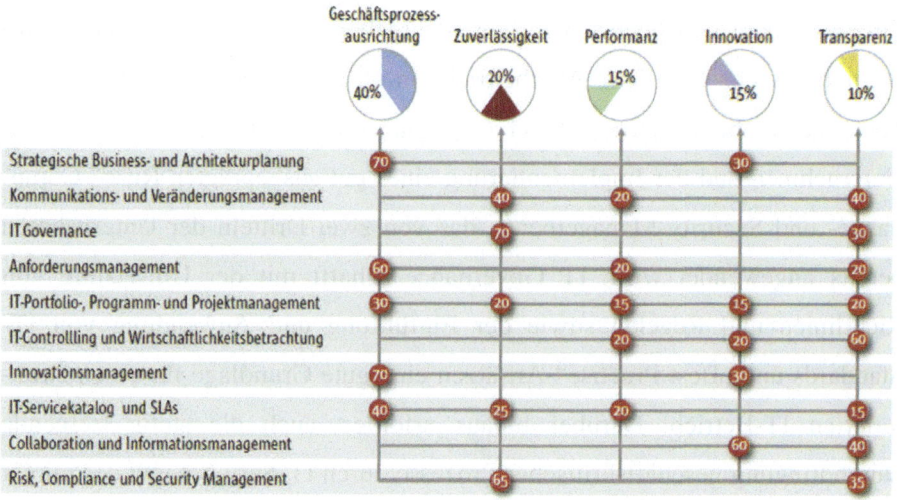

Abbildung 12: Handlungsfelder und Wertschöpfungssektoren[150]

Unterschiedliche IT-Maßnahmen zur Erreichung der strategischen Ziele werden in der Folge in zehn Handlungsfelder mit der Angabe von Gewichtungen gebündelt, sodass der Zusammenhang grafisch in Abbildung 12 aufgezeigt werden kann. Die Reifegrade der einzelnen Wertschöpfungssektoren und der IT-Wertschöpfung sind im Wesentlichen Ergebnisse der Auswertung für eine IT-Organisation. Als kompakte Darstellungsform wird ein spezifisches Sektorendiagramm verwendet. Die äußeren Prozentzahlen geben dabei den Einfluss der zuvor ausgeführten Wertschöpfungssektoren auf den IT-Wertbeitrag an. Beispielsweise hat die Geschäftsprozessausrichtung mit 40 Prozent den größten Einfluss auf den IT-Wertbeitrag und wird somit durch den größten Kreissektor dargestellt. So erhält man im Inneren des Kreises das Ergebnis für den

---

[150] Vgl. Wegner, J. (2011): Studie: IT-Wertbeitrag: Messbare Realität oder Illusion, CIO Snapshot, Bearingpoint, S. 15.

gesamten IT-Wertbeitrag. Der innen notierte Prozentwert von 56 Prozent (40% x 53 + 20% x 60 + 15% x 41 + 15% x 68 + 10% x 55 = 56%) gibt als Kennzahl für den IT-Wertbeitrag den Grad der Umsetzung im Unternehmen an. Die Erhebung in der Studie hat beispielhaft im Bereich BCM im Punkt Zuverlässigkeit den höchsten Reifegrad ergeben (Abb. 13). Begründet wird der hohe durchschnittliche Wertbeitrag von 48 Prozent durch die Implementierung eines bedarfsgerechten IT-Governance-Modells von 54 Prozent der Unternehmen und der Implementierung eines gut ausgeprägten Risk-, Compliance- und Security-Managements, das von zwei Dritteln der Unternehmen bereits angewendet wird. IT Governance schafft mit der Umsetzung von Richtlinien und Regelen sowie der Einführung und Anwendung von IT-Standards und „Best Practise"-Ansätzen eine gute Grundlage für einen strukturierten IT-Betrieb. Darüber hinaus erfordert auch die stetig steigende Durchdringung geschäftskritischer Prozesse durch IT-Services und der immer umfangreichere Transport sensibler und erfolgskritischer Informationen ein effizientes Risk-, Compliance- und Security-Management. Die Prozesse sichern somit den langfristigen Geschäftserfolg und tragen entscheidend zur Zuverlässigkeit der IT-Services bei, was sich im IT-Wertbeitrag widerspiegelt. Die Studie kommt weiterhin zum Ergebnis, dass der Reifegrad des IT-Wertbeitrags für mittelständische Unternehmen bei einer Größe zwischen 1.000 und 10.000 Mitarbeitern am größten ist. Zudem interessant ist das Ergebnis, dass der IT-Wertbeitrag mit steigendem Anteil von Mitarbeitern in der IT-Abteilung sinkt. Ein Grund dafür könnte sein, dass hohe Personalkosten subjektiv als negativer Einflussfaktor auf den IT-Wertbeitrag angesehen werden. Durchgeführten Analysen und Interviews mit den IT-Verantwortlichen in den jeweiligen Unternehmen führten zu folgenden Handlungsempfehlungen:

- Gewährleistung der Managementunterstützung für die Definition einer an den langfristigen Bedürfnissen der Fachbereiche ausgerichteten IT-Strategie.

- Die IT-Organsiation trennt prozessual und organisatorisch eindeutig zwischen Anforderungsmanagement, IT-Servicemangement sowie steuernden Aufgaben wie IT-Governance, IT-Controlling und IT-Produktportfoliomanagement.

- Ein Kooperationsmodell zwischen IT-Organisation und Fachbereich bildet die Grundlage für effektives Kommunikations- und Veränderungsmanagement.[151]

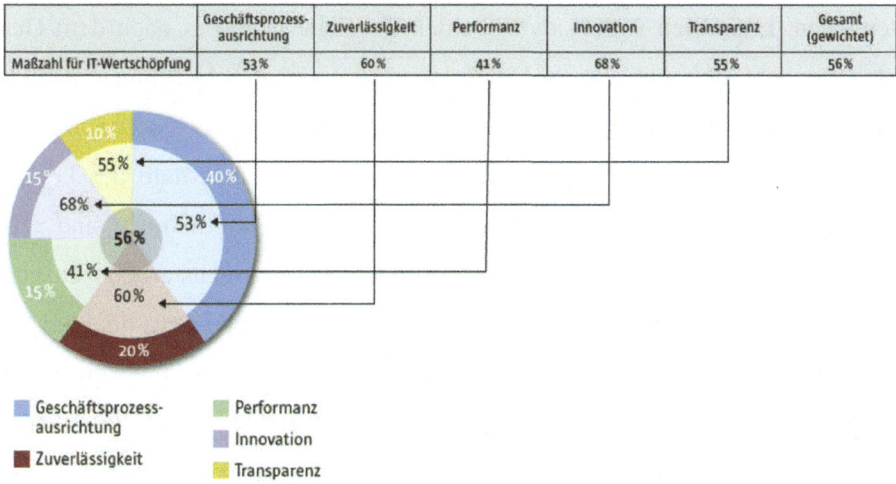

	Geschäftsprozess-ausrichtung	Zuverlässigkeit	Performanz	Innovation	Transparenz	Gesamt (gewichtet)
Maßzahl für IT-Wertschöpfung	53%	60%	41%	68%	55%	56%

Abbildung 13: Reifegrad nach Sektoren und IT-Wertbeitrag[152]

5.7 Aktuelle Trends und Gefahren

Ein aktuelles Thema lautet ByoD („Bring your own Device"). Smartphones und Tablets gehören zum Standard in Firmen, stellen damit die Unternehmens-IT zunehmend vor neue Herausforderungen. Um die stark steigende Zahl an Endgeräten mit unterschiedlichen Betriebssystemen und Applikatio-

---

[151] Vgl. Wegner, J. (2011): Studie: IT-Wertbeitrag: Messbare Realität oder Illusion, CIO Snapshot, Bearingpoint, S. 6ff.
[152] Vgl. Wegner, J. (2011): Studie: IT-Wertbeitrag: Messbare Realität oder Illusion, CIO Snapshot, Bearingpoint, S. 16.

nen effizient und sicher zu verwalten, benötigen Mitarbeiter der IT professionelle und sichere Werkzeuge. Mobile Endgeräte im Unternehmen bringen nicht nur technische, sondern auch rechtliche Probleme mit sich. In vielen Unternehmen liegen in den Besprechungsräumen die Zugangsdaten für die WLAN-Gastzugänge aus. Es vergeht nicht viel Zeit, dass jedem Mitarbeiter diese Daten bekannt sind, er diese in seinem mobilen Gerät eingibt und somit, rechtlich bedenklich, über den unternehmenseigenen WAN[153]-Anschluss seine Daten austauscht. Die sich immer mehr verbreitende Nutzung von mobilen Geräten führt immer mehr zu Vermischungen von beruflichen und privaten Bereichen. Eigentlich sollten diese beiden Bereiche, wenn es nach dem Gesetzgeber geht, getrennt sein. In Deutschland ist neben den Haftungsgrundsätzen und dem Arbeitszeitgesetz zudem das Bundesdatenschutzgesetz einzuhalten. Klare Regelungen und eine sinnvolle Verwaltung innerhalb des Unternehmens können rechtliche Probleme vermeiden. Die Unternehmen sind verpflichtet, dass die Mitarbeiter die regelmäßige tägliche Höchstarbeitszeit von zehn Stunden nicht überschreiten. Zur Arbeitszeit zählt jede Zeit, unabhängig vom Ort, in der die Arbeitnehmer ihrer beruflichen Pflicht nachgehen. Dazu gehört auch das sporadische Lesen von geschäftlichen E-Mails. Dies könnte technisch unterbunden werden, indem während der Nachtzeit geschäftlichen Mails nicht weitergeleitet werden. Aktuelle MDM[154]-Lösungen mit integrierten Sicherheitsfunktionen erlauben eine Überwachung der zeitlichen Nutzung von mobilen Geräten, natürlich unter Wahrung des Bundesdatenschutzgesetzes, im Hinblick auf eine Leistungskontrolle. Vertragliche Regelungen und Vertriebsvereinbarungen unterstützen diesen Prozess. Die Mitbestimmung des Betriebsrats ist hier zwingend notwendig. Mit der wachsenden Nutzung von Geschäftsanwendungen auf mobilen Geräten wächst zudem die Gefahr, dass

---

[153] WAN: Wide Area Network, meist als Zugriffsmöglichkeit ins WWW (World Wide Web) genutzt.
[154] MDM: Mobile Device Management.

Unternehmensdaten unkontrolliert weitergeleitet werden oder in fremde Hände geraten.

Der aktuelle Trend der Cloud-Dienste ist ebenso kritisch zu betrachten. Im Grunde gab es diese Technik bereits. Dienste auf Thin Clients (technisch reduziert ausgestattete Computer), die an Großrechnern angeschlossen sind, existieren schon seit Jahrzehnten. Viele IT-Dienste erfinden sich im Laufe der Jahre immer wieder neu. Ein förderlicher Faktor ist dabei die sich kontinuierlich verbessernde Geschwindigkeit der Datenübertragung. Der dabei kritische Faktor bei geografisch entfernten IT-Infrastrukturen, SaaS (Software as a Service) und IaaS (Infrastructure as a Service) ist die physikalische Strecke zum entfernten Diensteanbieter. Diese ist in der Regel nicht über dedizierte Leitungen geschaltet und somit befinden sich der Übertragungsweg und das externe Rechenzentrum nicht mehr im direkten Verantwortungsbereich des eigentlichen Nutzers. Somit sind die Rechtsrisiken bei ausgelagerten Datendiensten genau zu hinterfragen. Die Dienstleister werben dafür, dass Ihre Daten sicher sind und sie sich um die Infrastruktur keine Sorgen mehr machen müssen. Doch kaum ein Kunde weiß genau, wo sich seine Daten befinden und wie die Zugriffe darauf geschützt sind. Die Nutzung dieser Dienste bringt für deutsche Unternehmen ernste Rechtsprobleme mit sich. Selbst für Privatleute kann es teuer werden, wenn sie fremde Daten bei unsicheren Dienstanbietern einlagern und diese somit in unbefugte Hände geraten können.

Google als Beispiel kann als Datendienstleister dem Kunden durch den Passus „Google verarbeitet personenbezogene Daten auf unseren Servern, die sich in zahlreichen Ländern auf der ganzen Welt befinden" die Nutzung rechtlich schwierig gestalten, da eine Nutzung somit problembehaftet ist, da die Datenverarbeitung den Bestimmungen in Deutschland unterliegt.[155] Die größte Hürde in Deutschland ist das BDSG. Es sind Sanktionen nach dem BDSG

---

[155] Google (2013): Datenschutzerklärung und Nutzungsbedingung, letzte Änderung vom 27.07.2012.

(Bundesdatenschutzgesetz) und nach dem Zivilrecht, Unterlassungs- und auch Schadensersatzansprüche möglich. Bei größeren Dienstanbietern kommt erschwerend hinzu, dass die Verträge meist vorgefertigt sind und als Standard akzeptiert werden müssen. Anpassungen sind in der Regel nicht möglich. Da diese Form einer Datenauslagerung noch sehr jung ist und es noch an rechtlichen Bewertungen und Urteilen fehlt, ist somit nicht eindeutig geregelt, welche Bestimmungen in den Geschäftsbedingungen der Anbieter wirksam sind und welche nicht. Sinnvoll ist es zum Zwecke der redundanten Datenhaltung oder Sicherung an einem entfernten Ort, mehrere Gebäude zu nutzen, falls Unternehmen über räumliche und passende Möglichkeiten verfügen. Damit ist es realisierbar, Daten und Systeme über getrennte Brandabschnitte absichern. Dadurch ist auch den Anforderungen an die IT-Compliance bezüglich Datensicherheit, Verfügbarkeit und Datenschutz einfach und sicher Genüge getan. Im Laufe des Jahres 2013 wird es für Cloud-Dienste, basierend auf der ISO/IEC 27002, eine eigene Norm ISO/IEC 27017 – Information technology – Security techniques – Code of practice for information security controls for cloud computing services, based on ISO/IEC 27002 (DRAFT), geben.

Soziale Netze werden zunehmend als Kommunikationsmittel verwenden. Durch die Verbreitung der sozialen Netze geraten viele Unternehmen viel schneller in die Kritik, da Reaktionen seitens der Kunden oder Betrachter viel schneller erfolgen können. Schmähungen, auch „Shitstorm" genannt, können für manche Unternehmen existenzbedrohlich werden. Die meisten Unternehmen sind auf diese Form einer öffentlichen Kritik, berechtigt oder unberechtigt, nicht vorbereitet. Den Unternehmen muss klar sein, falls sie sich in sozialen Netzen werbetechnisch bewegen, für den Ernstfall gerüstet sein. Medien- und Kommunikationsexperten können in so einem Fall die Situation durch wohlbedachte Aktionen und Äußerungen entschärfen. Ein Notfallplan mit personeller Vorbereitung für diesen Fall ist damit zwingend notwendig.

6 ISO 22301

Die ISO 22301, die internationale Norm für Business Continuity Management, ist eine formale Business Continuity Grundstruktur, die Unternehmen dabei unterstützt, einen Business Continuity Plan zu entwickeln, welche die Geschäftsprozesse während und nach einer Betriebsstörung am Laufen hält. Damit werden die Auswirkungen der Störung minimiert und die gewohnten Produktions- und Dienstleistungsprozesse schnell wieder aufgenommen.

6.1 Einführung

Informationssysteme haben bei der Unterstützung betrieblicher Geschäftsprozesse größte Bedeutung. Unternehmen sind abhängig von einer durchgehenden, wirtschaftlichen, angemessenen und sicheren Informationsverarbeitung unter Beachtung von Risk und Compliance. Somit ist das Informationsmanagement gefordert, ein umfassendes Risikomanagement für alle aus seiner Verantwortung resultierenden Risiken zu gestalten und zu betreiben und den Risikomanagementprozess zu optimieren. Ein sinnvoller Reifegrad sollte für das BCM unter Beachtung des neuesten ISO-Standards 22301[156] erreicht werden, um das Risiko von Betriebsunterbrechungen zu reduzieren.

ISO 22301 spezifiziert die Anforderungen, um ein dokumentiertes Managementsystem zu planen, einzurichten, zu realisieren, zu betreiben, zu überwachen, zu überprüfen, zu unterhalten und kontinuierlich zu verbessern, um sich auf Betriebsunterbrechungen vorzubereiten, auf diese zu reagieren oder um sich von Unterbrechungen zu erholen.[157]

ISO 22301 ist der erste Management System Standard, welcher auf Basis der ISO Guide 83[158] entwickelt wurde und dabei unterstützen soll, die Terminologie und die Anforderungen an fundamentale Management System Strukturen

---

[156] Vgl. ISO 22301 (2012): Societal Security: Business Continuity Management: Requirements.
[157] Vgl. PECB (2013): ISO 22301 Portal: Societal Security: Business Continuity Management System.

© Springer Fachmedien Wiesbaden GmbH, ein Teil von Springer Nature 2014
S. Spörrer, *Business Continuity Management*, Edition KWV,
https://doi.org/10.1007/978-3-658-23403-4_6

zu standardisieren. Er enthält Anforderungen an ein BCMS und es werden nach dem PDCA[159]-Ansatz die notwendigen Strukturen erarbeitet:

- Organisationskontext
- Leitung
- Planung
- Support
- Betrieb
- Performance Evaluierung
- Kontinuierlichen Verbesserungsprozess (KVP)

Erstmals sind klare Erwartungen an das Management zu definieren, weiterhin legt ISO 22301 gesteigerten Wert auf

- die Festlegung der Ziele,
- die Überwachung der Leistung und der Leistungsgüte und
- die Ausrichtung von Business Continuity als Inhalt des strategischen Denkens der Unternehmensleitung.

ISO 22301 fordert einen verstärkten Anspruch an sorgfältiger Planung und Vorbereitung der Ressourcenfähigkeit zur Sicherstellung der Notfallfähigkeit sowie erhöhte Anforderungen an die Kommunikationselemente. „Interested parties" werden noch mehr in den Prozess integriert, dem Top Management werden noch mehr Verantwortlichkeiten zugewiesen. Anforderungen an Prozeduren werden definiert, um rechtliche als auch regulatorische Anforderungen zu managen.

Die ISO 22301 fordert zudem, dass die Organisationen den (Betriebs-)Ablauf ihrer Business Continuity Anforderungen planen und kontrollieren. Dazu gehören:

---

[158] Vgl. ISO (2011): ISO: DGuide 83.
[159] PDCA: Plan – Do – Check - Act

- Dokumentationsprozess für die Durchführung einer BIA und eines Risiko Assessments

- Methode für die Auswahl von BC Strategien

- Prozeduren für den Frühwarn- und den Recovery-Prozess von Incidents und Auswirkungen

- Pläne für „Incident Response (IR)" und Business Continuity

- Dokumentierte Recovery-Prozeduren

- Durchführung von Tests und Übungen

Ebenso werden die Themen wie Detaillierung des Supports angesprochen, um ein effektives BCMS einzurichten, umzusetzen und zu pflegen, sowie der kontinuierliche Verbesserungsprozess.[160]

Die Norm ISO 22301 legte im Entwicklungsprozess die Schwerpunkte auf eine klare Festlegung der Ziele, die Überwachung der Leistungen und der Metriken. Weitere Schwerpunkte sind die klaren Erwartungen an das Management („Standardappell an das Top-Management jedes Unternehmens") sowie an eine sorgfältige Planung und Vorbereitung der Ressourcen zur Sicherstellung des Business Continuity.[161]

Abbildung 8 zeigt die Einbindung des Top Managements in den Bereich der „Interested Parties" in der ISO 22301.

---

[160] Vgl. WG DATA-FERRIT (2012): Die Geburtsstunde des neuen ISO-Standards 22301, News vom 21.06.2012.
[161] Vgl. Everbridge (2011): The New Corporate ISO 22301 Standard: What It Takes To Comply.

Abbildung 14: Interested Parties[162]

---

[162] BCM Institute (2012): Picture ISO 22301 Interested Parties.

6.2 Aufbau der ISO 22301

Die ISO-Norm 22301 mit insgesamt zehn Kapiteln ersetzt den bis dato einzigen zertifizierbaren (originär für Großbritannien gedachten) Standard BS 25999-2 und ist auf alle Organisationen jeder Größe weltweit anwendbar. Das gilt sowohl für den öffentlichen als auch für den privaten Sektor. Dieser Arbeit liegt die aktuelle ISO-Norm 22301:2012(E) mit Datum 14.01.2013 als „corrected version 2012-06-15" zu Grunde. Die ersten vier Kapitel umfassen die Einführung (Kap. 0), den Anwendungsbereich (Kap. 1), die normativen Verweisungen (Kap. 2), die Begriffe und Definitionen (Kap. 3). Die sogenannten „main clauses" sind in den Kapiteln 4 bis 10 enthalten. Die Tabelle 4 zeigt den Inhalt der ISO 22301 mit allen Abschnitten.

Einleitung		
0.1 Allgemeines	5 Führung	8 Betrieb
0.2 PDCA-Modell	5.1 Führung und Commitment	8.1 Betriebliche Planung und Kontrolle
0.3 Komponenten des PDCA-Modells in dieser internationalen Norm	5.2 Commitment des Managements	8.2 Business Impact Analyse und Risikoeinschätzung
1 Anwendungsbereich	5.3 Richtlinie	8.3 Business Continuity-Strategie
	5.4 Organisatorische Rollen, Verantwortlichkeiten und Zuständigkeiten	8.4 Erstellung und Umsetzung der BC-Prozesse
2 Normative Referenzen	6 Planung	8.5 Umsetzung und Prüfung
	6.1 Maßnahmen zum Umgang mit Risiken und Chancen	9 Leistungsbewertung
3 Begriffe und Definitionen	6.2 Business Continuity-Ziele und Pläne zur Erreichung	9.1 Überwachung, Messung, Analyse und Bewertung
	7 Unterstützung	9.2 Internes Audit
4 Kontext der Organisation	7.1 Ressourcen	9.3 Managementbewertung
4.1 Verständnis der Organisation und ihres Kontexts	7.2 Kompetenz	10 Verbesserung
4.2 Verständnis der Bedürfnisse und Erwartungen seitens der Beteiligten	7.3 Bewusstsein	10.1 Nichteinhaltungen und Optimierungsaktionen
4.3 Festlegen des Umfangs des Managementsystems	7.4 Kommunikation	10.2 Kontinuierliche Optimierung
4.4 Business Continuity Management System	7.5 Dokumentierte Informationen	Bibliografie

Tabelle 4: Abschnitte der ISO22301[163]

---

[163] ISO 22301: Abschnittsinhalte übernommen und übersetzt aus der ISO 22301:2012(E): Eigener Entwurf.

6.3 Einführung in ISO 22301 (Kapitel 0)

In Unterkapitel 0.1 wird allgemein erklärt, welche Anforderungen gestellt werden, um ein effektives BCMS (Business Continuity Management System) im Unternehmen aufzusetzen und zu managen. Schon im ersten Kapitel wird bereits deutlich darauf hingewiesen, wie wichtig dabei das Verständnis für die Ziele und Bedürfnisse im Unternehmen ist. Abschließend wird auf die Schlüsselkomponenten eingegangen.[164]

Unterkapitel 0.2 beschreibt das PDCA-Modell, auf das in Kapitel 4.2 bereits näher eingegangen wurde.

Unterkapitel 0.3 beschreibt vorab die Kapitel bzw. Schlüsselklauseln 4 bis 10.

Kapitel 4 ist dabei eine Komponente im Bereich „Plan", welche die Anforderungen für das Unternehmen in Hinblick auf ein BCMS herausstellt. Es beschreibt die Bedürfnisse, die Anforderungen und die Ziele.

Kapitel 5 ist ebenso eine Komponente im Bereich „Plan". Dieser Abschnitt befasst sich mit den besonderen gestellten Anforderungen innerhalb des BCM-Systems an die Rolle der Geschäftsführung und auf welche Weise diese es innerhalb des Unternehmens schafft, die Erwartungen mithilfe von grundsätzlicher Verpflichtung und Erklärung gegenüber BCMS zu kommunizieren.

Kapitel 6 ist auch eine „Plan-"Komponente. Es werden die Anforderungen beschrieben, die zum Aufbau strategischer Ziele und Leitprinzipien für die BCMS als Ganzes notwendig sind. Der Inhalt unterscheidet sich von einer Etablierung des Umgangs mit Risiken, die aus einer Risikobeurteilung sowie aus einer Business Impact Analyse stammende Wiederherstellungszielsetzungen.[165]

---

[164] ISO 22301 (2012): ISO 22301, International Standard, Social security – Business continuity management systems – Requirements. Korrigierte Version vom 15.06.2012, S. V.
[165] ISO 22301 (2012): ISO 22301, International Standard, Social security – Business continuity management systems – Requirements. Korrigierte Version vom 15.06.2012, S. VI.

Kapitel 7 gehört auch zum „Plan"-Bereich und unterstützt die BCMS-Tätigkeiten hinsichtlich ihrer Beziehung zu den „interested parties". Weiterhin beinhaltet sind Dokumentierung, Kontrolle, Aufrechterhaltung und Beibehaltung notwendiger Dokumentationen während des Prozesses.

Kapitel 8 ist eine Komponente des Bereichs „Do" im PDCA-Modell. Es definiert die Anforderungen an das Business Continuity. Es bestimmt, auf welche Weise diese adressiert werden und entwickelt Prozeduren, wie mit Störzwischenfällen umzugehen ist.

Kapitel 9 ist eine Komponente des Bereichs „Check" im PDCA-Modell. Dieser Abschnitt fasst die Anforderungen zur Messung des Erfolgs des BCM, den Vergleich des BCMS hinsichtlich Erfüllung der Complianceanforderungen und die Erwartungen des Managements sowie Feedbackmöglichkeiten, um die Erwartungen der Unternehmensführung zu erfüllen und an diese zu berichten, zusammen.

Kapitel 10 beschreibt die „Act"-Komponente. Sie identifiziert und sorgt für korrigierende Maßnahmen zur Unterstützung des BCMS.

6.4 Anwendungsbereich (Kapitel 1)

Im Kapitel „Scope" werden Anwendungsbereich und Umfang des Standards beschrieben und für welche Organisationen dieser Standard eingesetzt werden soll.

Entwickelt aufgrund starker internationaler Nachfrage nach der originalen englischen Norm BS 25999 und anderer regionaler Normen bringt die Ausrichtung und der Erhalt einer Zertifizierung nach ISO 22301 konkreten geschäftlichen Nutzen.

Die ISO 22301 bestimmt die Grundlagen eines Business Continuity Management Systems, in dem der Prozess, die Grundsätze und die Terminologie des Business Continuity Managements eingerichtet werden. Die Norm schafft eine Grundlage für das Verständnis, die Entwicklung und die Einführung von Business Continuity innerhalb ihrer Organisation. Sie gibt Sicherheit im geschäftlichen Umgang mit Firmen- und Privatkunden. Die Norm hilft dabei, den wichtigsten Zielgruppen zu versichern, dass deren Unternehmen umfassend darauf vorbereitet ist, allen internen, regulatorischen und kundenseitigen Anforderungen nachzukommen. Die Norm liefert Organisationen eine Grundstruktur, um sicherzustellen, dass sie unter den schwierigsten und am wenigsten zu erwartenden Umständen den Betrieb fortführen können. Es schützt die Belegschaft, wahrt den (eigenen) Ruf und ermöglicht die Fortführung der geschäftlichen Abläufe.[166]

Nach der ISO 22301 ist die Norm anwendbar für alle Typen und Größen von Organisationen, die folgende Ziele umsetzen möchten:

a) Schaffung, Verwirklichung, Aufrechterhaltung und Optimierung eines Business Continuity Management Systems

b) Sicherstellung der Übereinstimmung mit der im Unternehmen erklärten Business Continuity-Richtlinie

c) Darstellung der Richtlinienübereinstimmung gegenüber Dritten

d) Registrierung und/oder Zertifizierung des eigenen Business Continuity Management Systems durch eine externe akkreditierte Organisation

e) Erstellung einer Selbstbestimmung und Selbsterklärung zur Übereinstimmung mit dieser internationalen Norm

---

[166] BSI-Group (2012): ISO 22301 Business Continuity.

Die Norm kann somit zur Beurteilung der Fähigkeit einer Organisation herangezogen werden, inwieweit die eigenen Kontinuitätsbedürfnisse und Pflichten abgebildet werden.[167]

6.5 Normative Referenzen (Kapitel 2)

Es gibt keine normativen Referenzen bzw. Verweise in dieser Norm.

6.6 Begriffe und Definitionen (Kapitel 3)

In diesem Kapitel werden wichtige Begriffe im Zusammenhang mit der ISO 22301 und dem BCMS beschrieben. In Kapitel 9.1 im Anhang sind wichtige Begriffe zusammengefasst und näher erklärt.

6.7 Kontext der Organisation (Kapitel 4)

Ab Kapitel 4 findet man die sogenannten „main clauses". Kapitel 4 umfasst den "Context of the organization".

Kein Unternehmen agiert in einem luftleeren Raum. Es gibt viele interne und externe Umstände oder Faktoren rund um die Organisation, die berücksichtigt werden müssen, wenn man sich mit der Planung, Entwicklung, Einführung, Umsetzung und Wartung eines BCMS befasst. Sharp unterscheidet diesen Raum in drei Bereiche. Die interne Umgebung (Internal Environment) beinhaltet Produkte und Dienstleistungen, Aktivitäten und Funktionen, Policies und Verfahren, Finanzen und Ressourcen sowie weitere Verbindungen. „Micro Environment" besteht aus Kunden, Lieferanten, Distributoren, Partnern und den „Interested Partners". Der Bereich „Macro Environment" beinhaltet die Befriedigung technischer, sozialer, politischer und wirtschaftlicher Anforderungen.[168]

---

[167] ISO 22301(2012): ISO 22301, International Standard, Societal security – Business continuity management systems – Requirements, korrigierte Version vom 15.06.2012, Kapitel 1: Scope, S. 1.
[168] Vgl. Sharp, J. (2012): The Route Map to Business Continuity Management, S. 23.

Es geht somit um das Verständnis, die Nöte und die Erwartungen der Organisation. Weiterhin enthalten sind die Sachverhalte, die für die Organisation wichtig sind und welche Auswirkungen diese auf die Zielerreichung eines Business Continuity Management Systems haben.[169] Dazu gehören, die Organisation betreffend, zusammengefasst

- Aufgaben und Aktivitäten,

- Dienstleistungen und Produkte,

- Lieferantenbeziehungen und Lieferketten,

- Beziehungen zu und Bedürfnisse und Erwartungen der Stakeholder sowie

- potenzielle Auswirkungen bei einer Betriebsunterbrechung.

Daneben

- Risikobereitschaft,

- Unternehmenspolitik inkl. Mission, Werte, Strategien und Unternehmensziele,

sowie

- gesetzliche, regulatorische und weitere Anforderungen, zu denen sich verpflichtet wird.

Ebenfalls Teil dieser Klausel ist die Bestimmung des Geltungsbereichs des BCMS. Dabei müssen die strategischen Ziele, Schlüsselprodukte und -dienstleistungen, Risikotoleranz sowie alle regulatorischen und vertraglichen Verpflichtungen oder Verpflichtungen gegenüber Anspruchsberechtigten der Organisation berücksichtigt werden.[170] Was früher mit dem Themenbereich

---

[169] ISO 22301 (2012): ISO 22301, International Standard, Social security – Business continuity management systems – Requirements, korrigierte Version vom 15.06.2012, S. 8.
[170] PECB (2012): Link: http://pecb.org/iso22301de/

„Understanding the Organization" in der BS25999 abgedeckt war, wird nun aufgeteilt in dieses Kapitel und dem Kapitel 8 „Betrieb".[171]

Für 4.2 ist ein Verfahren zur Identifikation von Anforderungen hilfreich. Der Zweck liegt in der Beschreibung des Verfahrens zur Identifikation der „interested parties" sowie der amtlichen, gesetzlichen, vertraglichen und anderen Anforderungen mit dem notwendigen Bezug zu Informationssicherheit und dem betrieblichem Kontinuitätsmanagement. Ebenso werden darin die Verantwortlichkeiten für die Erfüllung dieser Anforderungen beschrieben. Passend hierzu ist eine Liste mit amtlichen, gesetzlichen, vertraglichen und anderer Anforderungen.

6.8   Führung (Kapitel 5)

Das Kapitel „Leadership" befasst sich mit der Führung und der Vorbildfunktion des Top-Managements. Diese sind entscheidend für eine erfolgreiche Umsetzung. Das Top-Management muss sein Engagement zeigen und demonstrieren. Die Unternehmensführung kann eine Umgebung schaffen, die es ermöglicht, dass alle Beteiligten voll integriert sind und dass das System so eingesetzt werden kann, dass es mit den Zielen des Unternehmens übereinstimmt. BCMS ist kein Kernprozess im Unternehmen, umso wichtiger ist es, dass die Unternehmensführung hinter diesem System steht. BS 25999 beinhaltete zahlreiche ungleiche Verweise auf das Engagement, die Verantwortlichkeiten und die Rollen, die vom Führungsmanagement übernommen werden. ISO 22301 dagegen hat diesen Bereich mithilfe eines eigenen Kapitels bereinigt. Dieses beschäftigt sich explizit mit den Themen, wie Anforderung an das Engagement, die Ressourcen, die Richtlinien und die Rollen im Unternehmen.[172]

Die Führung des Unternehmens ist zusammengefasst verantwortlich für:

---

[171] Drewitt, T. (2013): ISO22301: A Pocket Guide, S. 21.
[172] Drewitt, T. (2013): ISO22301: A Pocket Guide, S. 22.

- Gewährleistung der Übereinstimmung des BCMS mit der Unternehmensstrategie

- Integration der BCMS-Anforderungen in die Unternehmensprozesse

- Bereitstellung der notwendigen Ressourcen für die Implementierung und Durchführung eines BCMS

- Kommunikation der Wichtigkeit eines effektiven BCMS

Das Top-Management muss seine Verpflichtung zum BCMS fortlaufend demonstrieren. Durch seine Führung und seine Tätigkeiten kann das Management eine Umgebung schaffen, in der die verschiedenen Akteure voll involviert sind und in der das Managementsystem in Synergie mit den Zielen der Organisation wirksam betrieben werden kann. Das Management ist verantwortlich.

- sicherzustellen, dass das BCMS kompatibel ist mit der strategischen Ausrichtung der Organisation,

- die BCMS Anforderungen in die Geschäftsprozesse der Organisation zu integrieren,

- die notwendigen Ressourcen für das BCMS bereitzustellen,

- die Bedeutung eines wirksamen Business Continuity Managements zu kommunizieren,

- sicherzustellen, dass das BCMS die erwarteten Ergebnisse erreicht,

- die kontinuierliche Verbesserung zu leiten und zu unterstützen,

- eine Business Continuity Politik zu erstellen und zu kommunizieren,

- sicherzustellen, dass die BCMS Ziele und Pläne erstellt werden und

- sicherzustellen, dass die Verantwortlichkeiten und Befugnisse für wichtige Rollen zugeordnet werden.[173]

Unterstützend kann wirken, wenn ein sogenanntes „Business Continuity-Komitee" oder „Risk Management-Komitee" im Unternehmen aufgestellt wird, in dem Mitglieder aller Unternehmensabteilungen integriert sind.[174]

Die festgelegten Richtlinien sollten in jedem Fall schriftlich niedergelegt sein, sodass jeder Beteiligte diese zu jeder Zeit einsehen kann. Richtlinien sind ziemlich wichtige Werkzeuge, um das notwendige Bewusstsein innerhalb des Unternehmens aufzubauen und zu erhalten. Den Führungskräften kann damit auch genau mitgeteilt werden, was die Unternehmensführung erreichen möchte und wie die damit verbundenen Ziele genau lauten.[175]

6.9 Planung (Kapitel 6)

Die Phase der Planung ist eine kritische Phase, da es die Erstellung der strategischen Ziele und Leitprinzipien für das BCMS als Ganzes betrifft. Die Ziele eines BCMS sind es, die Absichten der Organisation zur Behandlung der identifizierten Risiken auszudrücken und die Anforderungen der organisatorischen Bedürfnisse zu erfüllen. In mancher Hinsicht überschneidet sich dieser Bereich mit Kapitel 4, führt aber den eingeschlagenen Weg der Analyse weiter, was das Unternehmen genau macht, welche Risiken bestehen und welche Ziele sich daraus ergeben. Es macht Sinn, dass auf dieser Stufe zumindest schon ein akzeptables Niveau hinsichtlich des Verständnisses für den Betrieb erreicht worden ist.[176]

Die Business Continuity Ziele müssen

- konsistent sein mit der Business Continuity Politik,

---

[173] PECB (2012): Link: http://pecb.org/iso22301de/
[174] Vgl. Drewitt, T. (2013): ISO22301: A Pocket Guide, S. 22.
[175] Vgl. Drewitt, T. (2013): ISO22301: A Pocket Guide, S. 23.
[176] Vgl. Drewitt, T. (2013): ISO22301: A Pocket Guide, S. 23.

- das minimale Niveau an Produkten und Dienstleistungen beachten, das für die Organisation akzeptabel ist um ihre Ziele zu erreichen,

- messbar sein,

- anwendbare Anforderungen beachten und

- überwacht und gegebenenfalls aktualisiert werden.[177]

Dieser Abschnitt eignet sich zudem hervorragend, sich spätestens jetzt über den Projektplan für die Umsetzung eines BCM-Gedanken zu machen. An einem gewissen Punkt muss der Schwenk vom Projekt zum Prozess realisiert sein, da es sich beim BCM um einen laufenden und fortwährenden Prozess handelt.[178] Ein erfolgreiches BCM-Projekt wird von kompetenten und qualifizierten Fachkräften durchgeführt. Es soll ein entsprechendes Aufsichtsgremium geben, das regelmäßig über die Fortschritte und Entwicklungen informiert wird. Ebenso wichtig gibt das Gremium das notwendige Budget und die Ressourcen für die Projektdurchführung frei.[179]

Die Umsetzungspläne sollten klar und deutlich definiert sein, um die Ziele des BCM zu erreichen. Die Verwendung von Projektmanagement-Werkzeugen und passenden Techniken wie PERT (Program Evaluation and Review Technique) oder GANT-Diagrammen wird empfohlen. Diese Aufzeichnungen können bei Bedarf als Nachweis verwendet werden, wenn das BCMS der Inhalt eines Audits sein sollte.[180]

6.10 Unterstützung (Kapitel 7)

Das Kapitel „Support" beschreibt im Hinblick auf die Unterstützung und die Förderung die wichtigen Dinge, die jede Organisation erstellen und pflegen soll. Zudem ist enthalten, wie ein Unternehmen von einem passenden BCMS

---

[177] PECB (2012): Link: http://pecb.org/iso22301de/
[178] Drewitt, T. (2013): ISO22301: A Pocket Guide, S. 24.
[179] Drewitt, T. (2013): ISO22301: A Pocket Guide, S. 24f.
[180] Vgl. Sharp, J. (2012): The Route Map to Business Continuity Management, S. 35.

profitieren kann. Es behandelt die Umsetzung von Ressourcenbereichen (7.1), die ein BCMS untermauern können wie

- Kompetenzsystem (7.2),

- Bewusstseinsprogramme (7.3),

- Kommunikationsplan (7.4), der Vorfallsituationen beinhaltet und

- Dokumentation und das Dokumentenmanagement (7.5).

Das vorhandene Bewusstsein im Unternehmen ist sehr wichtig für den Erfolg eines BCM. Jede Person im Unternehmen muss verstehen, warum dies gemacht wird und welche Ziele erreicht werden sollen. Eines der Möglichkeiten, dieses Bewusstsein von Anfang an zu verstärken, ist BCM als wichtigen Teil in die Stellenbeschreibungen mit einfließen zu lassen[181].

Der Hauptunterschied zwischen BS 25999-2 und ISO 22301 ist der ergänzte Bereich Kommunikation. Die Anforderungen an die BC-Pläne einschließlich der Abhilfemaßnahmen und der Wiederherstellungsprobleme sind sehr viel detaillierter auszuführen. Zum kommunikativen Teil ist auch die Überwachung der Leistung zu zählen. Dazu gehören zum Beispiel die Update-Frequenz der Business Impact-Analysen, die Anzahl der Pläne oder die Anzahl der Übungen. Im Bereich operativer Planung und Kontrolle liegt der Schwerpunkt unter anderem im Festlegen von „controls".[182] Controls sind risikoorientierte Maßnahmen im Risikomanagement.[183]

Das tägliche Management eines wirksamen BCMS beruht auf der Nutzung von angemessenen Ressourcen für jede Aufgabe. Diese beinhalten kompetentes Personal mit passendem und nachweisbarem Training und unterstützende Dienstleistungen, Bewusstsein und Kommunikation. Dies muss durch geeignete verwaltete dokumentierte Informationen unterstützt werden. Sowohl die

---

[181] Drewitt, T. (2013): ISO22301: A Pocket Guide, S. 25.
[182] Vgl. Everbridge (2011): The New Corporate ISO 22301 Standard: What It Takes To Comply.
[183] Vgl. Falk, M. (2012): IT-Compliance in der Corporate Governance: Anforderungen und Umsetzung, S. 52.

interne wie auch die externe Kommunikation (7.4) muss in diesem Bereich betrachtet werden, einschließlich des Formats, des Inhalts und der passenden Terminierung derartiger Kommunikation.

Die Anforderungen an die Erstellung, die Aktualisierung und die Kontrolle von dokumentierter Information sind ebenfalls in dieser Klausel spezifiziert. Hier ist es sinnvoll, nach 7.5 ein Verfahrenverzeichnis zur Lenkung von Dokumenten und Aufzeichnungen anzulegen. Mit einem solchen Verfahren soll die Lenkung der Erstellung, Genehmigung, Verteilung, des Gebrauchs und der Aktualisierung von Dokumenten und Aufzeichnungen sichergestellt werden.

6.11 Betrieb (Kapitel 8)

Nach der Planung des BCMS muss das Unternehmen das System in Betrieb („Operation") nehmen. Dieses Kapitel umfasst:

- Business Impact Analysis (BIA): Diese Aktivität erlaubt es einer Organisation die kritischen Prozesse, welche die Schlüsselprodukte und Schlüsseldienstleistungen unterstützen und die Abhängigkeiten zwischen Prozessen und die erforderlichen Ressourcen, um die Prozesse auf einem minimal-akzeptablen Niveau zu betreiben, zu identifizieren (8.2.2).

- Risikobeurteilung: ISO 22301 schlägt vor, auf den ISO 31000 Standard Bezug zu nehmen, um diesen Prozess zu implementieren. Das Ziel dieser Anforderung ist es, einen formalen dokumentierten Risikobeurteilungsprozess einzurichten und zu unterhalten, der das Risiko von Betriebsunterbrechungen für die Organisation systematisch identifiziert, analysiert und bewertet.

- Business Continuity Strategie: Nachdem die Anforderungen über die BIA und die Risikobeurteilung erfasst worden sind, können Strategien entwickelt werden, um Maßnahmen zu identifizieren, welche es der Organisation erlauben, auf der Basis ihrer Risikotoleranz und innerhalb festgelegter Ziele für die Wiederherstellungszeit kritische Aktivitäten zu schützen und wiederherzustellen. Erfahrung und bewährte Praktiken weisen deutlich darauf hin, dass die frühzeitige Verfügbarkeit einer übergreifenden BCM-Strategie sicherstellt, dass BCM Aktivitäten auf die gesamte Geschäftsstrategie ausgerichtet sind und diese unterstützen. Die Business Continuity Strategie sollte ein integraler Bestandteil der Unternehmensstrategie sein.

- Business Continuity Verfahren: Die Organisation muss Verfahren dokumentieren (inklusive der notwendigen Absprachen), um die Kontinuität von Aktivitäten und das Management von Betriebsunterbrechungen sicherzustellen (8.4.4). Diese Verfahren müssen

  - einen angemessenen Plan für die interne und externe Kommunikation festsetzen,

  - spezifisch sein hinsichtlich der unmittelbaren Schritte, die anlässlich einer Betriebsunterbrechung zu erfolgen haben,

  - flexibel sein, um auf unerwartete Bedrohungen und sich verändernde interne und externe Bedingungen antworten zu können,

  - auf Auswirkungen von Ereignissen fokussieren, die möglicherweise den Betrieb unterbrechen könnten,

  - entwickelt werden auf der Basis genannter Annahmen und der Analyse von Wechselwirkungen und

  - wirksam sein bei der Minimierung von Folgen durch die Implementierung von angemessenen Strategien zur Schadensminderung.[184]

---

[184] PECB (2012): Link: http://pecb.org/iso22301de/

Nicht zu vergessen sind das Üben und das Testen (8.5). Um sicherzustellen, dass die Business Continuity Verfahren mit den Business Continuity Zielen konsistent sind, hat eine Organisation sie regelmäßig zu testen. Üben und Testen sind die Prozesse zur Bestätigung von Business Continuity Plänen. Sie helfen, zu gewährleisten, dass die gewählten Strategien fähig sind, innerhalb der durch das Management bestimmten Zeitfenster Antworten und Wiederherstellungsergebnisse zu liefern.[185]

In 8.4.3 wird der Dokumentationsaspekt als Teil der Umsetzung der BC-Verfahren noch einmal deutlicher herausgestellt als im BS25999-2. Damit erhalten die Kommunikation und das Dokumentenmanagement eine bedeutende Rolle mit präzisen Anforderungen.[186]

Ziele der grundlegenden Aktivitäten bei Prüfung, Test und Überwachung der Notfallplanung sind:

- Ausarbeitung eines Testplans

- Testvorbereitung (zum Beispiel eine Liste der Testobjekte)

- Durchführung der Tests

- Dokumentierung

- Bewertung der Ergebnisse

- Überarbeitung der Notfallplanung

- Verabschiedung und Inkraftsetzung der Notfallplanung[187]

---

[185] PECB (2012): Link: http://pecb.org/iso22301de/
[186] Vgl. Hisolutions (2012): Highlights der ISO 22301:2012: Whitepaper, S. 4.
[187] Vgl. Naujoks, U. (2003): in: Wieczorek, M./Naujoks, U./Bartellt, B. (Hrsg.): Business Continuity, IT Risk Management for international corporations.

6.12 Leistungsbewertung (Kapitel 9)

Durch die Leistungsbewertung (Performance Evaluation) ist neben der ständigen Überwachung und periodischen Überprüfung auch die Möglichkeit der ständigen Verbesserung (siehe Kapitel 10) gegeben.

Folgende Ziele sollen damit umgesetzt werden:

- Überwachung des Umfangs, mit dem die Business Continuity Politik, Ziele und Zielvorgaben erfüllt werden

- Messen der Leistung von Prozessen, Verfahren und Funktionen, die priorisierte Aktivitäten schützen

- Überwachung der Übereinstimmung mit diesem Standard und den BC-Zielen

- Überwachung der historischen Belege einer mangelhaften Leistung des BCMS (9.1)

- Ausführung von internen Audits in geplanten Intervallen (9.2)

- Intervallgeplante Bewertung aller oben genannten Aufgaben in „Management reviews"[188]

Passend hierzu ist die Qualitätsbewertung von Architekturen in der Informationstechnologie. Durch eine IST-Analyse der Anwendungen in Bezug auf ihre Konformität mit der Soll-Architektur kann eine Bewertung der aktuellen Qualität erfolgen. Weiterhin erfolgt eine Beurteilung der Technologien in der Soll-IT-Infrastruktur im Hinblick auf ihre Zukunftsfähigkeit. Daneben besteht die Möglichkeit, durch Skalen-, Verbund- und Erfahrungskurveneffekte Kosteneinsparungen zu realisieren. Zur Gewährleistung der Einhaltung von Technologiestandards können Strafgebühren für das betreffende Projekt bei der Nutzung nicht konformer Technologien anfallen. Grundlage dazu ist ein imaginärer Vertrag zwischen der zentralen IT-Abteilung und den betroffenen Ge-

---

[188] PECB (2012): Link: http://pecb.org/iso22301de/

schäftsbereichen. Die Geschäftsbereiche sichern zu, die Soll-IT-Architektur bei ihren Projektvorschlägen weitgehend einzuhalten. Die Nichtkonformität eines IT-Projekts stellt einen Vertragsbruch dar, der durch eine Nonkonformitätsstrafe einen Kostenaufschlag mit sich bringt. Der Schaden einer nicht konformen Applikation wird in Form eines Kostenaufschlages projektbezogen berechnet und dient zur Deckung der prognostizierten zusätzlich anfallenden Kosten im IT-Bereich. Der Kostenaufschlag wird zur Finanzierung von möglichen späteren Integrationsprojekten zur Steigerung der Architekturkonformität von Applikationen erhoben. Die zentrale IT-Abteilung ihrerseits verpflichtet sich, die Interessen der Geschäftsbereiche bei der Weiterentwicklung der IT-Architektur zu berücksichtigen. Bei Nichterfüllung der Bedarfe der Geschäftsbereiche werden entsprechende Projekte zur Weiterentwicklung initiiert.[189]

Um eine Auswertung zu unterstützen, ist es hilfreich, Kennzahlen abzuleiten, die Aussagen über das Ziel der Validierung liefern können. Selbstredend sollten die erfassten Größen hinsichtlich des Zieles aussagekräftig und trennscharf sein. Die Trennschärfe wird besonders benötigt, wenn ein Ziel der Validierung die Bewertung von Alternativen ist.[190] Die Kennzahlen in Abbildung 15 adressieren die Geschäftsbereiche, die zentrale IT-Abteilung und die Geschäftsleitung. So sind Veränderungen über die Zeitfenster nachvollziehbar und nachweisbar.

AAF steht für Application Architectural Fit und errechnet sich aus der Summe über der Multiplikation der Gewichtung der einzelnen Cluster mit dem jeweiligen Fit. G_c ist die Gewichtung des Clusters c. Fit ist die Übereinstimmung in Prozent, die Kennzahl für den Konformitätsindex lautet:

---

[189] Durst, M. (2007): Wertorientiertes Management von IT-Architekturen, S.75.
[190] Vgl. Kersten, H./Reuter, J./Schröder, K.-W. (2011): IT-Sicherheitsmanagement nach ISO 27001 und Grundschutz: Der Weg zur Zertifizierung, 3. Auflage. Wiesbaden: Vieweg + Teubner, S. 271.

Kürzel	Kennzahl	Beschreibung / Einsatz	Zielgruppe(n)
AAF	Application Architectural Fit	Architekturkonformität einer Applikation. Dient der Bewertung von einzelnen Applikationen.	Geschäftsbereich, Zentrale IT-Abteilung
AFI	Application Fitness Index	Architekturkonformität der gesamten IT-Architektur. Dient als Messgröße zur Steuerung von Zielvorgaben.	Zentrale IT-Abteilung, Geschäftsleitung
TRF	Technology Requirement Fulfillment	Zukunftsfähigkeit einer Technologie, gemessen an den jeweiligen Anforderungen. Dient zur Bewertung einzelner Technologien.	Zentrale IT-Abteilung
TRFI	Technology Requirement Fulfillment Index	Zukunftsfähigkeit der IT-Architektur. Dient als Messgröße zur Steuerung von Zielvorgaben.	Zentrale IT-Abteilung, Geschäftsleitung

Abbildung 15: IT-Kennzahlen

$$AAF = \sum_c G_c \cdot Fit_c$$

Bei 100% ist eine perfekte Übereinstimmung erreicht, der Wert 0 entspräche der absoluten Nichtkonformität. Zudem gibt es eine Bewertung der Applikationslandschaft, die Gewichtung erfolgt hier dahin gehend, dass die geschäftskritischste Applikation im Unternehmen den höchsten Wert erhält. Die AAF-Werte werden gewichtet und summiert, um so den Architectural Fitness Index (AFI) zu erhalten:

$$AFI = \sum_a G_a \cdot AAF_a$$

Der Zielwert des AFI kann in der IT-Strategie innerhalb des Strategieobjekts IT-Architektur vorgegeben werden. Der Zielwert des AFI zum Stichtag 30.11.2012 ist 70 %. Der Unterschied zwischen Zielwert und tatsächlichem Wert zum Stichtag gibt Auskunft über die Zielerreichung. Ein negativer AFI-Wert bedeutet Zielverfehlung, ein positiver Wert zeigt Zielerfüllung an.

Für die Prüfung der Erfüllung der geschäftskritischen Technologieanforderungen, wie zum Beispiel Funktionalität, Sicherheit und Hochverfügbarkeit, wird als Kennzahl der Technology Requirement Fulfillment-Wert (TRF) errechnet. Dieser Wert errechnet sich aus den gewichteten Technologiebewertungen wie in Abbildung 16.

Layer: Datenmanagement

Cluster: DBMS (Datenbankmanagementsystem)

Technologie: mySQL

Anforderungskriterium	Gewichtung (%)	Erfüllungsgrad (%)	$E_{gewichtet}$(%)
Funktionalität	30	90	27
Sicherheit	30	60	18
Hochverfügbarkeit	40	70	28
Technology Requirement Fulfillment (TRF)			**73**

Abbildung 16: Technology Requirement Fulfillment (TRF)

Die Werte in der Zeile Sicherheit bedeuten, dass dieses Thema mit 30% gewichtet ist. Datenverluste bei Systemabstürzen sind nicht unbedingt ausgeschlossen, da sich ein Unternehmen beispielsweise aus Kostengründen für die Investition in eine ausfallsichere Datenbankreplikation in Echtzeit noch nicht entscheiden konnte. Die Werte in der Zeile Hochverfügbarkeit bedeuten, dass die Gewichtung im Vergleich zu den anderen Anforderungskriterien am höchsten ist. Der Erfüllungsgrad wird mit 70% bestimmt, da in diesem Fall noch keine echte Hochverfügbarkeit gegeben ist. Es sind zum Beispiel kurze Zeitfenster mit geplanten Ausfallzeiten für Wartung, Upgrades und Updates notwendig. Mit dem Technology Requirement Fulfillment Index (TRFI) wird die Soll-IT-Infrastruktur und deren Zukunftsfähigkeit errechnet und bewertet. Durch Multiplikation der TRFs aller Technologien der Soll-IT-Infrastruktur mit den entsprechenden Verwendungsintensitäten der Cluster werden die gewichteten TRFs berechnet. Danach werden diese summiert, um den TRFI zu erhalten.[191]

$$TRFI = \sum_c Verwendungsintensität_c \times TRF_c \ .$$

---

[191] Durst, M. (2007): Wertorientiertes Management von IT-Architekturen, S.82f.

6.13 Verbesserungsprozess (Kapitel 10)

Das kontinuierliche „Improvement" kann definiert werden als die Summe von Maßnahmen, die in der ganzen Organisation getroffen werden, um die Wirksamkeit (Erreichung der Ziele) und Effizienz (ein optimales Kosten/Nutzen Verhältnis) von Sicherheitsprozessen und -maßnahmen zu erhöhen. Ziel ist es, für die Organisation und ihre Anspruchsberechtigten erhöhten Nutzen zu schaffen. Eine Organisation kann die Wirksamkeit ihres Managementsystems durch den Gebrauch der Business Continuity Politik, Business Continuity Zielen, Audit-Ergebnissen, Analysen von überwachten Ereignissen, Indikatoren, korrigierenden und vorbeugenden Tätigkeiten und Management-Reviews kontinuierlich verbessern.[192]

6.14 Direkter Vergleich mit BS 25999-2:2007

Die Vergleiche in den bisherigen Kapiteln und Hinweise auf Teilbereiche der betrachteten Normen zeigen, dass sich Inhalte auch in der Norm 22301 wiederfinden. Diese sind teilweise etwas kürzer dargestellt oder anders benannt. Die meisten Parallelen finden sich zu BS 25999-2.2007. Diese direkten Beziehungen sind in der Tabelle 5 dargestellt und erleichtern den Einsatz der neuen ISO 22301, wenn bereits 25999-2 im Unternehmen im Einsatz war.

BS 25999-2:2007	ISO 22301:2012	
Inhalt	Direkter Zusammenhang	Kein Querverweis – komplett neue Bearbeitung notwendig
Einleitung	0.1 Allgemeines 0.2 PDCA-Modell	
1 Umfang	1 Umfang	

---

[192] PECB (2012): Link: http://pecb.org/iso22301de/

2 Begriffe und Definitionen		3 Begriffe und Definitionen
3.1 Planung des BCMS		4.1 Verständnis der Organisation und ihres Kontexts
3.2.1 Umfang und Ziele des BCMS	4.2 Verständnis der Bedürfnisse und Erwartungen seitens der Beteiligten 4.3 Festlegen des Umfangs des Managementsystems 6.2 Business Continuity-Ziele und Pläne zur Erreichung	
3.2.2 BCM Richtlinien	5.1 Führung und Commitment 5.3 Richtlinie	5.2 Commitment des Managements
3.2.3 Bereitstellung der Ressourcen	5.2 Commitment des Managements 5.4 Organisatorische Rollen, Verantwortlichkeiten und Zuständigkeiten 7.1 Ressourcen 8.3 BC-Strategie, hier 8.3.2	
3.2.4 Personelle BCM-Kompetenz	7.2 Kompetenz	
3.3 Einbettung von BCM in die Organisationskultur	7.3 Bewusstsein 7.4 Kommunikation	
3.4 BCMS Dokumentation und Aufzeichnungen	7.5 Dokumentierte Informationen 8.1 Betriebliche Planung und Kontrolle, hier Abschnitt c)	
4.1.1 BIA	8.2 BIA und Risikoeinschätzung, hier 8.2.1 und 8.2.2	

4.1.2 Risikobeurteilung	8.2 BIA und Risikoeinschätzung, hier 8.2.1 und 8.2.3	
4.1.3 Treffen von Entscheidungen	8.3 BC-Strategie, hier 8.3.3	
4.2 Festlegung der BC-Strategie	8.3 BC-Strategie, hier 8.3.1 und 8.3.2	
4.3.2 Reaktionsstruktur auf einen Vorfall	8.4 Erstellung und Umsetzung der BC-Prozesse, hier 8.4.2	8.4.3 Warnung und Kommunikation
4.3.3 BC-Pläne und Maßnahmenkatalog	8.4 Erstellung und Umsetzung der BC-Prozesse, hier 7.4, 8.42, 8.43 und 8.4.4	
4.4.2 BCM Übungen	8.5 Umsetzung und Prüfung	
4.4.3 Wartung und Überprüfung des BCMS	9.1 Überwachung, Messung, Analyse und Bewertung, hier 9.1.2	9.1 Überwachung, Messung, Analyse und Bewertung
5.1 Internes Audit	9.2 Internes Audit	
5.2 Managementbewertung des BCMS	9.3 Managementbewertung	
6.1 Vorbeugende und korrigierende Maßnahmen, hier 6.1.3	10.1 Nichteinhaltung und Optimierungsaktionen Auch 9.1, hier 9.1.1	
6.2 Kontinuierliche Optimierung	10.2 Kontinuierliche Optimierung	

Tabelle 5: Direkter Vergleich BS25999 und ISO 22301[193]

---

[193] Vgl. Sharp, J. (2012): The Route Map to Business Continuity Management, S. 104, und: Kosutic, D. (2012): ISO 22301 and BS 25999-2: Similarities and Differences Infographic, Link: http://www.infosecisland.com/blogview/21465-ISO-22301-and-BS-25999-2-Similarities-and-Differences-Infographic.html

6.15 Neuerungen und Terminologie der ISO 22301

Die ISO 22301, die internationale Norm für Business Continuity Management, ist die formale Business Continuity Grundstruktur. Sie hilft dabei, einen Business Continuity Plan zu entwickeln, der das Geschäft während und nach einer Betriebsstörung am Laufen hält. Auswirkungen von Störungen können minimiert werden und somit die normalen Dienstleistungen wieder schnell aufgenommen werden. Die Norm stellt sicher, dass die Kernleistungen und Produkte weiterhin geliefert werden können. Entwickelt im Zuge starker internationaler Nachfrage nach der originalen englischen Norm BS 25999 und anderer regionaler Normen, bringt die Ausrichtung und der Erhalt einer Zertifizierung nach ISO 22301 konkreten geschäftlichen Nutzen. Die ISO 22301 bestimmt die Grundlagen eines Business Continuity Management Systems, in dem der Prozess, die Grundsätze und die Terminologie des Business Continuity Managements eingerichtet werden. Sie schafft eine Grundlage für das Verständnis, die Entwicklung und die Einführung von Business Continuity innerhalb der Organisation und gibt Sicherheit im geschäftlichen Umgang mit Firmen- und Privatkunden.

Mit dem Einsatz dieser Norm wird den wichtigsten Zielgruppen versichert, dass das Unternehmen umfassend darauf vorbereitet ist, allen internen, regulatorischen und kundenseitigen Anforderungen nachzukommen.

Die Norm liefert Organisationen eine Grundstruktur, um sicherzustellen, dass das Unternehmen unter den schwierigsten und am wenigsten zu erwartenden Umständen seinen Betrieb fortführen kann. Es schützt die Belegschaft, wahrt die Reputation und ermöglicht die Fortführung der geschäftlichen Abläufe. ISO 22301 hilft unterstützend sicherzustellen, dass die Unternehmensorganisation auch im Fall betrieblicher Störungen weiterhin funktioniert.

Ein Business Continuity Management System (BCMS), das sich an der ISO 22301 ausrichtet, ist für Organisationen aller Größen geeignet sowohl branchenübergreifend, öffentlich wie auch privat, unabhängig von Dienstleistung und Produkten. Es stellt globalen Organisationen eine gemeinsame Sprache zur Verfügung, speziell solchen mit langen und komplexen Beschaffungsketten.

Die Norm ist insbesondere für Organisationen relevant, die in hochriskanten Märkten oder Umgebungen operieren, in denen die Fähigkeit einer Betriebsfortführung von höchster Wichtigkeit für das Geschäft, für die Kunden und die Interessengruppen ist. Die Norm hilft dabei, ein BCMS aufzubauen, einzurichten, zu pflegen und zu verbessern. Das BCMS kann zertifiziert und beurkundet werden. Eine Zertifizierung durch eine unabhängige Zertifizierungsgesellschaft ist eine Bestätigung für die wichtigsten Interessengruppen wie Kunden oder Lieferanten.

Es werden in der ISO 22301:2012 einige neue Begriffe eingeführt oder vergleichend zu BS25999-2:2007 ersetzt. Nachfolgend ein Auszug:

- Corrective Action - Korrigierende Aktivität (3.13)

- Documented Information - Dokumentierte Information (3.14)

- MAO: Maximum Acceptable Outage – Zeitraum, nach dem bei einem Ausfall der reguläre oder zumindest der eingeschränkte Betrieb wieder aufgenommen werden kann (3.25)

- MBCO: Minimum Business Continuity Objective - Mindestziel des Notfallmanagements (3.28)

- Performance Evaluation: Verfahren zur Bestimmung messbarer Ergebnisse (Thema Wertbeitrag) (3.36)

- RPO: Recovery Point Objective – maximaler Zeitraum zwischen zwei Datensicherungen (3.44)

- „Context of the organization"2 – es wird die Umgebung beschrieben, in der das Unternehmen aktiv ist (4)

- Der Begriff „Stakeholder" wird durch den Begriff „Interested Parties" ersetzt (4.2)

- „Leadership" umfasst die besonderen Anforderungen an das Top-Management (5)

- „Prioritized Timeframes" (8.2.2) beschreibt die Reihenfolge und den Zeitablauf für die Wiederherstellung kritischer Aktivitäten (8.2.2c)

- Der Abschnitt „Warning and Communication" beschreibt alle Aktivitäten, die bei einem Vorfall unternommen werden (8.4.3).

Die wesentlichen (bzw. neuen) Bereiche der ISO 22301 genauer betrachtet:

- High-Level-Infrastruktur der ISO 22301

- Die Bedeutung für das interne BCS

- Anforderungen

- Risikoansatz

- Identifikation der notwendigen Prozesse für das BCMS

Die Deutsche Gesellschaft zur Zertifizierung von Managementsystemen (DQS) beschreibt zusammenfassend den Nutzen einer BCM-Zertifizierung nach ISO 22301 wie folgt:

- Dem Management wird ein Werkzeug an die Hand gegeben, organisationsentscheidende Prozesse zu definieren.

- Die Organisation wird dazu befähigt, auf bedeutende Vorfälle zu reagieren und geeignete Maßnahmen zu verankern.

- Ausfälle durch Störungen oder Unterbrechungen von existenziellen Unternehmensprozessen werden minimiert.

- Störungen in der Lieferkette entlang der entscheidenden Prozesse werden verhindert.

- Das umfassende Verständnis für die Organisation wird gesteigert und die ständige Verbesserung gefördert.

- Wettbewerbsvorteile werden ermöglicht. Ein Beispiel sei die Förderung der Neukundenakquisition.

- Nachweis für die Einhaltung von Gesetzen, Verordnungen und Auflagen (Compliance) ist gegeben.

- Die Verhandlungsposition gegenüber Finanzdienstleistern wird gestärkt.

- Das Vertrauen gegenüber den „Interested Parties" wird gestärkt.[194]

Everbridge spricht zudem von einer Verlagerung vom BCMS (Business Continuity Management System) zum PCMS (Bereitschafts- und Continuity Management System). Ein Schwerpunkt wird bezüglich (Disaster-) Preparedness auf das Erstellen von Richtlinien und Handlungen sowie Steuerung und Messung der Unternehmensrisiken gelegt. Durch eine Überwachung der Fortschritte ist eine kontinuierliche Verbesserung möglich. Beschreibungen und Umschreibungen für Krisen sollen mit Bedacht gewählt werden. Meldungen und Nachrichten sollen präzise und konsistent sein und sich gegenseitig sinnvoll ergänzen. Negative Meldungen sollten zeitlich im passenden Rahmen kommuniziert werden. Auch schlechte Nachrichten sollen „unverblümt" kommuniziert und nicht verharmlost werden. Die Umgebung hat ein Recht darauf, Risiken und deren Folgen zu kennen. Die Informationen müssen transparent sein und Fehlinformationen müssen schnell korrigiert werden. Zudem sind bezüglich der internen Kommunikation Fachausdrücke zu vermeiden und mit durchdachten Konzepten das Verständnis und die Akzeptanz der betroffenen Mitarbeiter und Kollegen zu erreichen.[195]

---

[194] Vgl. DQS (2013): Ein Managementprozess für die Ausfallsicherheit: ISO 22301 BCM, Deutsche Gesellschaft zur Zertifizierung von Managementsystemen, S.2.
[195] Vgl. Everbridge (2013): The New Corporate ISO 22301 Standard: What It Takes To Comply.

6.16 Übergangsphase

Mit der Veröffentlichung der ISO 22301:2012 wurde gleichzeitig das Ende der Zertifizierungen bezüglich der Norm BS25999-2 eingeläutet, nach der sich Unternehmen bis November 2012 zertifizieren lassen konnten. Diese Zertifikate sind in der sogenannten „Transition Phase" bis 30. Mai 2014 gültig. Im Dezember 2012 ist die ISO 22313 als begleitendes Element erschienen, in der Erläuterungen und Beispiele zu den Anforderungen der ISO 22301 gegeben werden. Für die Unternehmen war es somit optional, mit einem Upgrade auf ISO 22301 bis zur Veröffentlichung der ISO 22313 zu warten, um Missverständnisse zu vermeiden. Abbildung 17 verdeutlicht die einzelnen Phasen der Übergänge. Im Mai 2014 ist das Ende der Upgradephase erreicht und die Zertifikate nach BS25999-2:2007 verlieren ihre Gültigkeit.

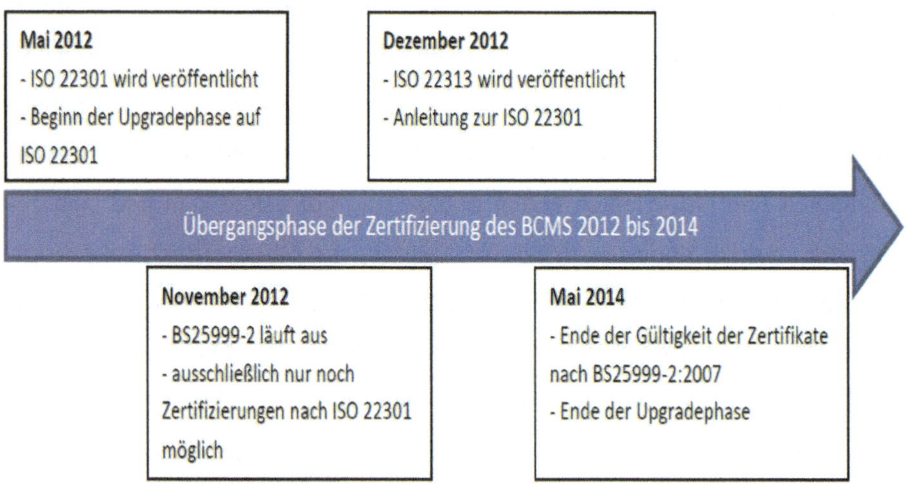

Mai 2012
- ISO 22301 wird veröffentlicht
- Beginn der Upgradephase auf ISO 22301

Dezember 2012
- ISO 22313 wird veröffentlicht
- Anleitung zur ISO 22301

Übergangsphase der Zertifizierung des BCMS 2012 bis 2014

November 2012
- BS25999-2 läuft aus
- ausschließlich nur noch Zertifizierungen nach ISO 22301 möglich

Mai 2014
- Ende der Gültigkeit der Zertifikate nach BS25999-2:2007
- Ende der Upgradephase

Abbildung 17: Übergangsphase Zertifizierung BCMS (eigener Entwurf)

7   Krisen und Business Continuity

Durch Krisen ist Business Continuity gefährdet. Im schlimmsten Fall können Krisen zu einer Insolvenz führen. Im Jahr 2012 meldeten in Deutschland 29.619 Unternehmen Insolvenz an. Die Anzahl betrug von 2000 bis 2012 im Durchschnitt 33.316,46 Unternehmensinsolvenzen pro Jahr (Abbildung 3).[196] Die Insolvenz ist gekennzeichnet durch akute Zahlungsunfähigkeit nach § 17 InsO (Insolvenzordnung), drohende Zahlungsunfähigkeit nach § 18 InsO und/oder Überschuldung nach § 19 InsO.

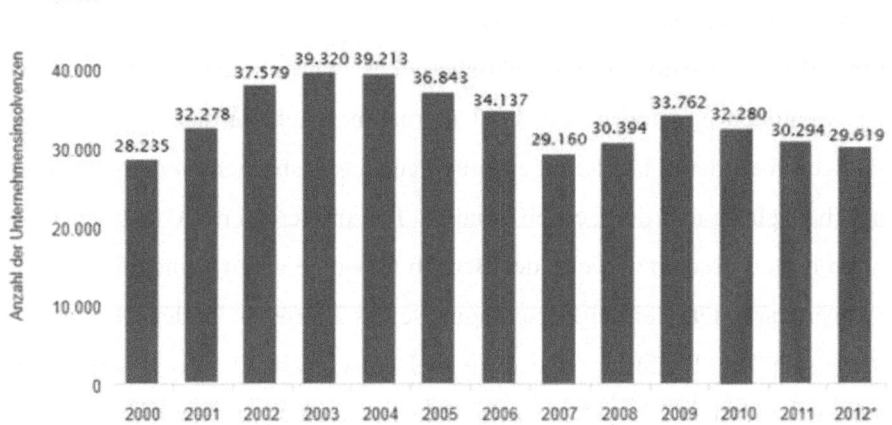

Abbildung 18: Anzahl Unternehmensinsolvenzen in Deutschland 2000 bis 2012[197]

Deutsche Unternehmer verbinden ihr Schicksal mit dem ihres aufgebauten Unternehmens. Sie empfinden eine Insolvenz als persönliche Niederlage vor den Angestellten, den Partnern und Kunden, dem regionalen Netzwerk und dem privaten Umfeld. Es ist diese Angst vor dem Scheitern und der Bloßstellung. Dadurch wird verhindert, dass viele Sanierungsmöglichkeiten eines an-

---

[196] Statista (2013): Anzahl der Unternehmensinsolvenzen in Deutschland von 2000 bis 2012, Quelle: Bürgel.
[197] Grafik entnommen aus: Statista (2013): Anzahl der Unternehmensinsolvenzen in Deutschland von 2000 bis 2012, Quelle: Bürgel.

© Springer Fachmedien Wiesbaden GmbH, ein Teil von Springer Nature 2014
S. Spörrer, *Business Continuity Management*, Edition KWV,
https://doi.org/10.1007/978-3-658-23403-4_7

geschlagenen Unternehmens nicht ausgeschöpft werden können.[198] Das deutsche Insolvenzrecht wurde schon vor Jahren der US-Praxis angepasst, die Sanierung und die Fortführung der Zerschlagung und Abwicklung vorziehen (US Bankrupty Code, Title 11[199]). Es wird davon ausgegangen, dass das gesamte funktionierende Unternehmen wesentlich mehr Wert hat als durch den Verkauf seiner Einzelteile wie Einzelunternehmen oder Vermögenswerte erzielt werden würde. Der Sinn der Insolvenz und des dann folgenden Insolvenzverfahrens ist es, entweder die Zahlungsfähigkeit wieder herzustellen, oder die Situation bei Unternehmen durch Auflösung geordnet abzuwickeln. Folglich ist es der ökonomischste Weg, einem ins Straucheln geratene Unternehmen die Fortführung des Geschäftsbetriebes zu ermöglichen. Dazu werden einige Schulden gestrichen und das Unternehmen geht in das Eigentum der Gläubiger über, deren Forderungen im Gegenzug gestrichen werden. So werden Arbeitsplätze und der Betrieb erhalten. Die Interessen der Gläubiger werden am besten geschützt, wenn der Betrieb Gewinne abwirft, indem er profitabel weiterarbeitet. Bei der Zerschlagung eines Betriebes ist der Gesamtverlust meist höher. Rechtlich sind dazu in Deutschland alle Voraussetzungen geschaffen. Mittlerweile sehen auch viele Insolvenzverwalter ihre Aufgabe darin, die Substanz eines insolventen Unternehmens zu retten. Das faktische Instrumentarium ist leider oftmals noch unwirksam. Viel zu spät blicken Unternehmer auf die Realität. Sie haben bis zuletzt die Hoffnung, dass es irgendwie wieder von selbst aufwärtsgeht. Nicht zuletzt wird das mühsam beiseite und privatisierte Kapital in das Unternehmen gesteckt und die Reißleine zu spät gezogen.

Für Außenstehende ist nicht immer auf den ersten Blick erkennbar, welche Gründe zu diesem Ungleichgewicht führten und somit letztendlich auch zum Ende des Business Continuity führen. Fehlendes Controlling ist eines der

---

[198] CRN (2013): Computer Reseller News: Zu später Sprung über den eigenen Schatten, Nr. 13 vom 28. März 2013, S. 22.
[199] Unites States Code (2013): Code of Laws of the United States of America: Title 11: Bankrupty.

Hauptursachen für Insolvenzen. Die Studie „Ursachen von Insolvenzen"[200] der Euler Hermes Kreditversicherung in Zusammenarbeit mit dem ZIS (Zentrum für Insolvenz und Sanierung an der Universität Mannheim e. V.) befragte über 120 Insolvenzverwalter nach ihren Erfahrungen in Insolvenzverfahren. Die Euler Hermes Kreditversicherung und das Zentrum für Insolvenz und Sanierung an der Universität Mannheim e.V. haben die Befragung 2006 in Auftrag gegeben. Professionelles Finanzmanagement ist der entscheidende Erfolgsfaktor für den nachhaltigen Unternehmenserfolg. Ein Großteil der befragten Insolvenzverwalter sieht mangelhaftes Finanzmanagement als eine zentrale Ursache für die Zerschlagung von Unternehmen. Das Controlling spielt hier eine wichtige Rolle. Mit 79% Zustimmung ist ein fehlendes Controlling aus Sicht der Insolvenzverwalter die wichtigste Insolvenzursache überhaupt. Immerhin gaben 77% der Befragten an, bereits Unternehmen ohne jegliches Controlling und Kostenrechnung begleitet zu haben. Weitere Insolvenzursachen sind

- Finanzierungslücken (76%)

- Unzureichendes Debitorenmanagement (64%)

- Autoritäre, rigide Führung (57%)

- Ungenügende Transparenz und Kommunikation (44%).

Zusammenfasst heißt das: Der falsche Umgang mit Kapital ist Haupttreiber für Insolvenzen. Damit stehen vor allem interne Gründe ganz oben auf der Agenda, die unabhängig von Markt und Konjunktur wirken.

Probleme beginnen oftmals an der Spitze. Der persönliche Führungsstil und die Persönlichkeit der Chefs und der Unternehmer können auch maßgeblich an einer Insolvenz beteiligt sein. Neben einem autoritären und rigiden Füh-

---

[200] Vgl. Euler Hermes (2006): Wirtschaft Konkret Nr. 414: Ursachen von Insolvenzen: Gründe für Unternehmensinsolvenzen aus der Sicht der Insolvenzverwalter.

rungsstil und dem Kommunikationsverhalten gibt es weitere Merkmale für schlechtes Management:

- Dominanz persönlicher über sachlicher Motivation (33%)

- Egozentrik, fehlende Außenorientierung (28%)

- Mangel an strategischer Reflexion (27%)

- zu viele Wechsel (21%).

Aber auch externe Faktoren können für Krisen verantwortlich sein. Es wäre zu einseitig, nur unternehmensinterne Gründe für eine Insolvenz verantwortlich zu machen. Es gibt auch eine Reihe externer Faktoren, die einem Betrieb Schwierigkeiten bereiten können und Gefahren für das Business Continuity darstellen. Dazu zählen vor allem:

- Eine teilweise sehr schlechte Zahlungsmoral von Kunden (82%). Spezielle Probleme gibt es zudem bei Lieferungen ins Ausland, denn in einigen Ländern gelten deutlich längere Zahlungsziele.

- Bürokratische Anwendung des Arbeits- und Sozialrechts (81%). Ein Insolvenzverwalter drückte es so aus: „Der Kündigungsschutz behindert die Sanierung: Anstatt einzelne Mitarbeiter zu entlassen, geht der ganze Betrieb kaputt"

- Arbeitsgerichte verhindern notwendige personelle Umstrukturierungen im Unternehmen (73%)

- Basel II schafft eine ungünstigere Finanzierungssituation (60%)

Am ZIS (Zentrum für Insolvenz und Sanierung an der Universität Mannheim) rücken gerade die weichen Faktoren eines Insolvenzverfahrens und damit die Persönlichkeit eines Unternehmens in den Vordergrund.[201] In einer Ergänzungsstudie von 2009 kristallisierten sich zwei weitere Faktoren heraus, die

---

[201] Vgl. Euler (2006): Wirtschaft Konkret Nr. 414: Ursachen von Insolvenzen: Gründe für Unternehmensinsolvenzen aus der Sicht der Insolvenzverwalter.

an Bedeutung zur Studie aus 2006 gewonnen haben. In der Rangfolge der Ursachen, die nach Ansicht der befragten Verwalter häufig zur Insolvenz führen, steht zwar nach wie vor an erster Stelle die fehlende Anpassung der Mitarbeiterzahl an den Geschäftsverlauf. Doch bei den weiteren Insolvenzursachen schieben sich zwei Gründe deutlich in der Rangfolge nach vorn: zum einen die unzureichenden Rücklagen für unerwartete Ereignisse, zum anderen das Fehlen einer vom Tagesgeschäft freigestellten Person für notwendige Strategieüberlegungen. Die ISO 22301 fordert auch hier die frühzeitige Weichenstellung zur Business Continuity Strategie und einhergehende Bereitstellung von Ressourcen. Deutlich werden die durch die Wirtschaftskrise hervorgerufenen Veränderungen auch bei der Betrachtung der geringeren Häufigkeit, mit der die einzelnen Insolvenzursachen genannt werden. In 2006 meinten noch 80 Prozent der befragten Insolvenzverwalter, die nicht rechtzeitige Anpassung der Mitarbeiterzahlen bei rückläufigem Geschäft sei häufig bis sehr häufig die Ursache bei Firmenpleiten. 2009 waren nur noch 67 Prozent dieser Meinung.[202]

Ohne Risiko sind die Aussichten auf Gewinne sehr gering. Prophylaktisch sind ein funktionierendes Risk- bzw. Compliancemanagementsystem in Verbindung mit einem Business Continuity Managementsystem das effektivste Mittel gegen eine Krise oder eine Insolvenz.

Mit Hilfe von „unternehmerischer Intuition" und reaktiven Steuerungssystemen wird es immer schwieriger werden, die Komplexität der Prozesse und Risiken zu erfassen und zu analysieren. Ein funktionierendes und effizientes Risikomanagement und eine gelebte Risiko- und Kontrollkultur entwickeln sich zunehmend zu einem wesentlichen Erfolgsfaktor für Unternehmen. Nur diejenigen Unternehmen, die ihre Risiken effizient steuern und kontrollieren sowie ihre Chancen erkennen und nutzen, werden langfristig erfolgreich sein

---

[202] Vgl. Euler (2009): Wirtschaft Konkret Nr. 107: Insolvenzen in der Zeit der Finanzkrise: Befragung von Insolvenzverwaltern zu Entwicklung, Ursachen, Konsequenzen, S. 15.

und ihren Unternehmenswert steigern.[203] Wird dies durch ein Ampelsystem in Form eines schnell reagierenden und effektiven Managementsystems unterstützt, sinkt die Eintrittswahrscheinlichkeit einer Insolvenz. Krisen können schadloser überstanden werden und Business Continuity ist weiterhin gewährleistet.

Neben weiteren Gründen wie Gebäudeausfall, Ausfall von Personal oder Lieferanten und Partnern, Maschinen- und Systemausfall ist der Ausfall der IT einer der bedeutendsten Katastrophenszenarien, auf die näher eingegangen werden soll. Solange es sich bei der IT um keinen Kernprozess (wie zum Beispiel in einem Rechenzentrum) handelt, reicht die IT alleine als Kernprozess nicht aus, sondern wirkt nur im Zusammenspiel mit anderen Unterstützungsprozessen produktiv.

Sinnvolle IT-Architekturen in Zusammenarbeit mit einem IT-Business Continuity Plan (BCP) sorgen für den Notfall dafür, dass die an digitale Unternehmensprozesse angebundenen Arbeitsplätze schnell wieder einsatzbereit sind, wenn auch örtlich an anderer Stelle. Nachfolgend seien im Vergleich zum Normalbetrieb einige sogenannte „Fernziele" beschrieben. Die Definitionen sprechen für sich:

- SPLIT-Produktion

- Internes Arbeitsplatzsharing

- Interne DR-Site

- Externe DR-Site (zum Beispiel befreundete Unternehmen)

- Home Office/Remote Arbeitsplatz

Es gibt drei einfache jedoch gravierende Umstände, die sehr schnell zu einem Problem führen:

---

[203] Vgl. Erben, R. F./Romeike, F. (2002): Risk-Management-Informationssysteme, Potentiale einer umfassenden IT-Unterstützung des Risk Managements, S. 2.

1) Fehlende oder nicht auffindbare Dokumentation unter Beachtung von Datenschutz und Datensicherheit

2) Pläne und Trainings existieren vielleicht, aber keine Prüfung durch Notfallsimulation

3) Die Bereitschaft für die Absicherung von unternehmenskritischen Prozessen zu investieren differiert zu stark von der Erwartung der Unternehmensleitung an die IT-Sicherheit.

Im Falle einer Krise oder Sanierung muss die IT zudem so schnell wie möglich in alle Maßnahmen einbezogen werden. Kosten müssen reduziert werden, um Liquidität freizusetzen. Zudem ist die IT hinsichtlich ihrer Leistungsfähigkeit und Flexibilität mehr gefordert als in normalen Zeiten.[204]

Der krisenbedingte Leistungsabbau führt zu einer kritischen Prüfung aller laufenden Systeme. Lizenz-, Miet-, Dienstleistungs- und Werkverträge müssen gekündigt oder ausgesetzt werden. Externes Personal zur IT-Unterstützung muss soweit als möglich reduziert werden. Geregelte Projektarbeit ist in dieser Zeit schwer möglich. Bei Entlassung eigener Mitarbeiter ist das vorhandene Know-how zu beachten. Auch eine Auslagerung der kompletten IT-Services kann eine Option darstellen.[205]

Eine sanierungsbedingte Leistungserweiterung kann zum Beispiel durch Sonderauswertungen oder Sonderverarbeitungen begründet sein. Zu jeder Zeit muss aber die Möglichkeit seitens der IT gewährleistet sein, zur bekannten, kontinuierlichen und regelmäßigen IT-Arbeit zurückkehren zu können.[206]

Wird ein Unternehmen zahlungsunfähig, so verschärfen sich auch die Anforderungen an die IT. Sonderaufgaben können sich aus insolvenzrechtlichen In-

---

[204] Vgl. Kütz, M. (1998): in: Restrukturierung, Sanierung, Insolvenz, Hrsg.: Buth, A. K./Hermanns, M., §12 Randnummern 46ff., Seite 221.
[205] Vgl. Kütz, M. (1998): in: Restrukturierung, Sanierung, Insolvenz, Hrsg.: Buth, A. K./Hermanns, M., §12 Randnummern 48-51, Seite 222.
[206] Vgl. Kütz, M. (1998): in: Restrukturierung, Sanierung, Insolvenz, Hrsg.: Buth, A. K./Hermanns, M., §12 Randnummern 52-54, Seite 222.

formationsanforderungen ergeben. Gerichte oder Insolvenzverwalter fordern exakte und lückenlose Angaben über bestimmte Informationsbereiche, wie Außenstände oder Verbindlichkeiten. Zudem muss sichergestellt werden, dass die durchzuführenden Arbeiten nicht durch Entzug von Nutzungsrechten für Programme oder Systeme behindert werden.[207]

---

[207] Vgl. Kütz, M. (1998): in: Restrukturierung, Sanierung, Insolvenz, Hrsg.: Buth, A. K./Hermanns, M., §12 Randnummer 55, Seite 222.

8 Zusammenfassung

8.1 Allgemeines

Business Continuity Management wird in Ansätzen in Unternehmen bereits gelebt, wird oftmals noch nicht so benannt und eine durchgängige Wirksamkeit ist teilweise noch nicht gegeben. Das schwächste Glied in der Prozesskette kann ein wunder Punkt sein, aber in Ernstfall entscheidend sein.

Bei der Erfassung der Risiken helfen Checklisten, Workshops, Interviews, Audits, Reviews und Schadensstatistiken. Ergebnis der Risikoanalyse ist eine aggregierte Zusammenstellung aller wesentlichen Risiken, um diese dann in eine strukturierte Form zu bringen.

Die IT hat zunehmend an Bedeutung in den letzten Jahrzehnten gewonnen. Damit wäre auch sie von Krisen des Unternehmens und den daraus sich ergebenden Strukturierungen im Insolvenzfall massiv betroffen und muss somit aktiv an der etwaigen Krisenbewältigung teilnehmen. Unabhängig vom Insolvenzfall befinden sich auch schon jetzt viele IT-Bereiche in schweren Krisen und müssen zeitnah strukturiert werden. Vor allem die nicht oder teilweise nur im Ansatz vorhandenen IT-Architekturen müssen überdacht und eventuell komplett neu aufgestellt werden.

Das Ziel sollte ein sogenanntes „Robustes Unternehmen" sein, das so flexibel und beweglich ist, sich an unvorhergesehene Entwicklungen anpassen zu können. Risiken können durch den „Sicherheitspuffer" Eigenkapital getragen werden. Das „robuste Unternehmen" konzentriert sich auf die Kernkompetenzen, baut auf dieser Grundlage Wettbewerbsvorteile auf und meidet unattraktive Tätigkeitsfelder oder Kundengruppen konsequent. Die Wertschöpfungskette wird dahin gehend optimiert, dass nur Aktivitäten im Unternehmen erbracht werden, die nicht besser zugekauft werden können. Die Arbeitsabläufe

© Springer Fachmedien Wiesbaden GmbH, ein Teil von Springer Nature 2014   127
S. Spörrer, *Business Continuity Management*, Edition KWV,
https://doi.org/10.1007/978-3-658-23403-4_8

sollen unkompliziert unter Beachtung von Kosten-, Risiko-, Geschwindig-
keits- und Qualitätsaspekten gestaltet sein.

Bezüglich der neuen Terminologie der ISO 22301 gab es vor Einführung des
neuen Standards kontroverse Diskussionen zum Thema der festen Definition
der Termini des maximal tolerierbaren Datenverlusts sowie Wiederherstel-
lungszeiten und Ausfallzeiten. Das BCI hat herausgestellt, dass die ISO
22301 als generische Norm keine verbindliche Verwendung von speziellen
Ausdrücken vorschreiben darf und kann. Es können in den Unternehmen
durchaus eigene etablierte Begrifflichkeiten eingesetzt werden, denn der Fo-
kus soll unabhängig von den gewählten Begriffen auf der Erfüllung der Anforderungen liegen.[208]

8.2 Erkenntnisse

Compliance muss langfristig ganzheitlich im Unternehmen und deren Strukturen integriert werden. Business Continuity Management unterstützt als Teil
der Good Governance dabei, Compliance zu einem strategischen Instrument
der Unternehmensführung zu machen. In der Folge verbessern sich die Trans-
formation und die Optimierung der Ablaufprozesse, der Kontrollen, der Organisationsstrukturen und auch der Informationstechnologiesysteme. Die
Norm ISO 22301 spezifiziert die Anforderungen, um ein dafür sinnvolles und
notwendiges dokumentiertes Managementsystem zu planen, einzurichten, realisieren, betreiben, überwachen, überprüfen, unterhalten und kontinuierlich zu
verbessern. Damit ist gewährleistet, sich auf Betriebsunterbrechungen vorzubereiten, auf diese reagieren zu können und sich im Falle des Eintritts von
Unterbrechungen zu erholen. Ein Rahmen wie die Norm ISO 22301 wirkt unterstützend, die Ziele zu erreichen.

---

[208] Vgl. Hisolutions (2012): Highlights der ISO 22301:2012: Whitepaper, Link:
http://www.hisolutions.com/DE/Service_Dokumente/HiSolutions_Whitepaper_ISO_22301.pdf.

Die in der Norm ISO 22301 spezifizierten Anforderungen sind allgemein und weitgehend neutral gehalten. Sie können ohne Rücksicht auf die Größe oder die Eigenschaft der Organisation auf Unternehmen oder Teilbereiche von Unternehmen jeder Art angewendet werden. Diese Form der Freiheit durch diese Allgemeingültigkeit und Allgemeinanwendbarkeit benötigt ein unbedingt strukturiertes Vorgehen bei der Umsetzung. Der Umfang der Anwendbarkeit dieser Anforderungen hängt von der Betriebsumgebung und der Komplexität der betroffenen Organisation ab. Eine Zusammenarbeit mit und nahtlose Einordnung in andere etablierte Normen ist gegeben und sorgt somit für transparente und abbildungsfähige Anforderungen an ein BCMS.

Business Continuity Management kann als ganzheitlicher Managementansatz bezeichnet werden. Organisationen erkennen, welche ihre überlebensnotwendigen, organisationsentscheidenden Schlüsselprozesse und Werte sind. Sie erkennen, wie sie diese vor schädlichen Einflüssen oder bedeutenden Vorfällen schützen und für eine größtmögliche Ausfallsicherheit sorgen können. Mit richtigem Handeln und Kommunikation zur richtigen Zeit, durch eine rechtzeitige systematische Planung und Übung, durch die Fähigkeit, auch im Ausnahmezustand wirksam und kontrolliert zu reagieren, stärken Unternehmen mit der Einführung eines BCMS in Verbindung mit einem optionalen ISO 22301-Zertifikat das Vertrauen der Stakeholder. Die internationale Norm ISO 22301 schafft dafür das notwendige Verständnis und liefert einen geeigneten und anerkannten Rahmen.

Gespräche mit Kunden, die bereits BCM-Systeme im Einsatz haben, ergeben, dass die Systeme noch nicht durchgängig sind. Teilbereiche der Organisation müssen ihre Teildaten und Einzelrisiken an eine zentrale Stelle weiterleiten. Nach der Aggregation der Risiken werden sie jedoch über die Gesamtgefahr des Einzelrisikos und somit über die direkten Auswirkungen im „worst case" nicht genügend informiert. Zudem hätten viele Befragte auch schon rechtzeitig vor Weitergabe gerne die Möglichkeit, in ihrem Fachbereich die Daten sinnvoll auszuwerten und schon vor der Risikoaggregation mit einer Optimierung zu beginnen. Weiterhin ist eine genaue Bezifferung des Wertbeitrags der Informationstechnologie ein immer noch nicht abschließend geklärtes Thema.

Mit der ISO 22301 als erste internationale Norm und als international anerkannter Leitfaden ist eine weltweite Vergleichbarkeit von Prozessen und Maßnahmen im Hinblick auf Business Continuity Management Systemen gegeben.

9 Anhang

9.1 Terminologie

Die folgenden Definitionen im Zusammenhang mit BCM und ISO 22301 sind, falls nicht anders angegeben, teilweise der ISO22301:2012 direkt entnommen und ins Deutsche übersetzt. Auch dem Glossar unter BCMnet.CH[209] sind Definitionen zur Abgrenzung der Begriffe entnommen. Diese Auflistung von Begriffen, die direkt und indirekt im Zusammenhang mit (IT-)Business Continuity Management verwendet werden, soll helfen, diese voneinander abzugrenzen und bei Bedarf deren Bedeutung in diesen Zusammenhängen zu verdeutlichen.

Activity: Prozess oder Verfahren eines Unternehmens, das dazu führt, ein Produkt herzustellen oder eine Dienstleistung anzubieten.

Alternate Site: Ausweichstandort, der im Krisenfall zur Fortführung kritischer Geschäftsprozesse bezogen wird.

Audit: Systematisches, unabhängiges und dokumentiertes Verfahren, um Prüfungsnachweise und deren objektiver Auswertung zu erhalten, um somit entscheiden zu können, in welchem Umfang die Prüfungskriterien erfüllt werden. "Audit evidence" (Prüfungsnachweise) und "audit criteria" (Prüfungskriterien) werden in der ISO 19011 definiert.

Backlog: Nacharbeit oder Mehraufwand im Nachgang eines Störfalls, beispielsweise durch Überstunden oder Einsatz von zusätzlichen externen personellen Ressourcen.

---

[209] Vgl. BCMnet.CH (2012): Glossar V. 9.0: Business Continuity Management Network Switzerland: BCMnet.CH – The BCI Swiss Chapter, Link: http://www.bcifiles.com/GermanEnglishBCMDictionary2012.pdf.

© Springer Fachmedien Wiesbaden GmbH, ein Teil von Springer Nature 2014
S. Spörrer, *Business Continuity Management*, Edition KWV,
https://doi.org/10.1007/978-3-658-23403-4

Backup: Datensicherung, Bereitstellung und Sicherstellung zusätzlicher Ressourcen für den Notfall. Neben Daten können dies auch Orte, Ersatzteile oder Personen sein.

BDSG: Bundesdatenschutzgesetz: Regelungen zum Schutz personenbezogener Daten.[210]

BKM: Betriebliches Kontinuitätsmanagement - als Teil eines Gesamtmanagementsystems, welches das betriebliche Kontinuitätsmanagement berücksichtigt – wird geplant, umgesetzt, gepflegt und ständig verbessert.[211]

Business Continuity: Die Fähigkeit eines Unternehmens, nach einem störenden Zwischenfall auf vorher festgelegter akzeptabler Stufe weiterhin Produkte oder Dienstleistungen auszuliefern beziehungsweise anzubieten. Hier steht nicht die Wiederherstellung der IT-Dienste im Vordergrund, sondern die ganzheitliche Wiederherstellung der Geschäftsabläufe in Unternehmen.[212]

Business Continuity Management Culture: Teil der Unternehmenskultur, der das BCM stützt und im Wertesystem verankert ist.

Business Continuity Management Lifecycle: Schematische Ordnung verschiedener Phasen, die BCM in einen kontinuierlichen Prozess einbinden.

Business Continuity Management System (BCMS): Das ist ein Teil des Managementsystems, das Business Continuity umsetzt, betreibt, überwacht, bewertet, pflegt, verbessert und optimiert.

Business Continuity Plan (BCP): Der Plan dokumentiert die Prozeduren, um einem Unternehmen im Falle eines Falles Anleitungen an die Hand zu geben, abhängig von einem vorher festgelegten Grad einer Prozess gefährden-

---

[210] Vgl. BDSG: Bundesdatenschutzgesetz, Bundesministerium der Justiz, Link: http://www.gesetze-im-internet.de/bdsg_1990/.
[211] ISA&BCA (2013): Information Security & Business Continuity Academy: ISO 22301 Grundlagen, Link: http://www.iso27001standard.com/was-ist-iso-22301.
[212] Vgl. ISO 22301 (2012): Definition aus: ISO 22301:2012(E), International Standard, Social security – Business continuity management systems – Requirements, Erste Version vom 15.05.2012, korrigierte und lizenzierte Version vom 15.06.2012.

den Störung oder Unterbrechung, passend zu reagieren und die Geschäftsprozesse wiederherzustellen.

Business Critical Functions: Unternehmenskritische Prozesse und Funktionen, die Schlüsselfunktionen für das Kerngeschäft bilden. Diese müssen im Rahmen des BCM mit hoher Priorität abgesichert werden.

Business Impact Analysis (BIA): Analyseprozess bezüglich der Aktivitäten und der Effekte, die eine Störung des Geschäftsbetriebs mit sich bringt. Diese Analyse dient zur Abschätzung der Auswirkungen und Folgeschäden im „worst case".[213] Die reaktiven Maßnahmen sollten in einem Notfallkonzept enthalten sein. Hierzu gehören – möglicherweise als Anlage – Notfallpläne und Wiederanlaufpläne.[214]

Call Tree: Alarmierungsweg. Das Verfahren, bei dem Informationen im Störfall nach einem festgelegten Prozess weitergegeben werden.

Care Team: Gruppe von Spezialisten, welche Betroffene und Einsatzkräfte bei einem außerordentlichen Ereignis psychologisch betreut.

Competence: Dies ist die nötige Kompetenz, Kenntnisse und Fähigkeiten dahin gehend anwenden zu können, um beabsichtigte Ergebnisse zu erreichen.

Conformity: Die Erfüllung einer Anforderung.[215]

Continual Improvement: Eine sich wiederholende Aktivität, um die Leistung zu verbessern.

---

[213] Vgl. ISO 22301 (2012): Definition aus: ISO 22301:2012(E), International Standard, Social security – Business continuity management systems – Requirements, Erste Version vom 15.05.2012, korrigierte und lizenzierte Version vom 15.06.2012.
[214] Vgl. Kersten, H./Reuter, J./Schröder, K.-W. (2011): IT-Sicherheitsmanagement nach ISO 27001 und Grundschutz: Der Weg zur Zertifizierung, 3. Auflage. Wiesbaden: Vieweg + Teubner, S. 253.
[215] Vgl. ISO 22301 (2012): Definition aus: ISO 22301:2012(E), International Standard, Social security – Business continuity management systems – Requirements, Erste Version vom 15.05.2012, korrigierte und lizenzierte Version vom 15.06.2012.

Control Self Assessment (CSA): Selbstbeurteilung und Überprüfung der Prozesse, um somit zu einer ersten Einschätzung der möglichen Risiken zu gelangen.

Corrective Action: Dies sind Abhilfemaßnahmen, um die Gründe für eine Nichtkonformität zu eliminieren, Abläufe zu korrigieren und dauerhaft Wiederholungen zu vermeiden. Diese Aktivitäten sind notwendig, um eventuelle Ursachen einer Nichtkonformität zu beheben und sicherzustellen, damit diese nicht wieder auftreten.

Crisis: Krise als aktuelle Lage, durch die der Normalbetrieb im Unternehmen erheblich eingeschränkt wird.

Crisis Communication Plan: Der Krisenkommunikationsplan, der dafür sorgt, dass im Falle einer Krise Maßnahmen wie ein vorgeschriebener Informationsablauf („wer darf wann und wen über was informieren") vorab definiert sind und sich um die Steuerung des Notfallteams annimmt. Diese Aufgabe kann intern oder extern delegiert werden.

Disaster Recovery: Die Notfallwiederherstellung bezeichnet Maßnahmen, die nach einem Unglücksfall in der Informationstechnologie eingeleitet werden. Dazu zählt sowohl die Datenwiederherstellung als auch das Ersetzen nicht mehr benutzbarer Hardware.

Documented Information: Es werden alle für das BCMS erforderlichen Informationen beschrieben, die vom Unternehmen gesammelt, überwacht und laufend gewartet werden müssen. Dazu gehört auch die Art des Speichermediums, das zur Ablage der Daten und Informationen verwendet wird.

Incident: Ereignis als Störfall, das den Normalbetrieb stört oder zerstört. Die Folge kann eine Krise oder eine Katastrophe sein.

Information security: Die Informationssicherheit umfasst die Sicherstellung der Vertraulichkeit, Verfügbarkeit und Integrität von Informationen und informationsverarbeitenden Systemen.

Interested Party Stakeholders: Personen oder Organisationen, die selbst beeinflussen oder beeinflusst werden, oder auch nur erkennen, dass sie durch eine Entscheidung oder Aktivität letztendlich selbst beeinflusst werden.

Kritikalität: Einen wichtigen Teil der BIA stellen Erhebungen, Einschätzungen und Bewertungen im Rahmen der Kritikalitätsanalyse dar. Das Wort kritisch meint zunächst zeitkritisch. Dazu gibt man sich zunächst eine Zeitachse vor bzw. teilt die Zeit in Perioden ein. Nun wird in einem Ausfallszenario der Schaden für die Organisation in aller Regel mit der Dauer des Ausfalls steigen, das heißt je länger der Ausfall bestehen bleibt, desto höher ist der Schaden. Ähnlich wie bei den Risiken teilt man die möglichen Schadenshöhen in Klassen ein und spricht von Kausalitätsklassen oder – stufen (siehe auch Wiederanlaufklasse). Bei einem Ausfall werden also Geschäftsprozesse mit fortschreitender Zeit eine immer höhere Kritikalitätsstufe erhalten, solange bis der Ausfall behoben ist.[216]

Management System: Das System beinhaltet eine Reihe von untereinander abhängigen Elementen eines Unternehmens, um Unternehmensstrategien und Unternehmensziele festzulegen, und Prozesse, um diese Ziele auch zu erreichen.

Minimum Business Continuity Objective (MBCO): Die kleinste annehmbare Stufe einer Produkterzeugung oder einer Dienstleistung, die für ein Unternehmen noch annehmbar ist, um die Geschäftsziele während einer Unterbrechung zu erreichen. Anders ausgedrückt wird damit eine Mindeststufe beschrieben, die für eine Dienstleistung oder Produktherstellung während eines

---

[216] Vgl. Kersten, H./Reuter, J./Schröder, K.-W. (2011): IT-Sicherheitsmanagement nach ISO 27001 und Grundschutz: Der Weg zur Zertifizierung, 3. Auflage. Wiesbaden: Vieweg + Teubner, S. 253.

Ausfalls oder Störung gewährleistet sein muss, damit das Unternehmen seine Geschäftsziele erreicht.

Notfallszenario: Ein Notfallszenario ist ein definiertes Schadensereignis, das einen Notfall darstellt. Ein typisches Notfallszenario ist der Ausfall einzelner Server oder des zentralen Rechenzentrums eines Unternehmens. Die Notfallvorsorge wird im Allgemeinen auf der Basis von definierten Notfallszenarien aufgebaut.

Ein Notfallszenario kann entweder ein Wirkungs- oder ein Ursachenszenario sein.[217]

Offsite Storage: Daten- und Ressourcenauslagerung an einen alternativen Standort.

Outtasking: Vereinbarung mit einer externen Organisation zur Auslagerung oder Abgabe von einzelnen Aufgaben.

Outsourcing: Vereinbarung mit einer externen Organisation zur vollständigen Abgabe von Funktionen und Prozessen.

Prävention: Die präventive Seite hat zum Ziel, gravierende Vorfälle (bis hin zu Notfällen) möglichst zu vermeiden. Wichtige Hilfsmittel sind dabei Risikoanalysen und –bewertungen und darauf aufbauend die Auswahl geeigneter Maßnahmen, um Risiken zu reduzieren. Die entsprechenden Analysen und Maßnahmen finden sich im Sicherheitskonzept.[218]

Privacy: Datenschutz, Sammelbegriff für Gesetze und Regelungen zum Schutz personenbezogener Daten, siehe das für Deutschland gültige BDSG.

Redundancy: Mehrfache Absicherung im Hinblick auf Prozesse und Ressourcen.

---

[217] IT Audit (2013): Notfallszenario, Definition, http://www.it-audit.com/glossar/notfallszenario.html.
[218] Vgl. Kersten, H./Reuter, J./Schröder, K.-W. (2011): IT-Sicherheitsmanagement nach ISO 27001 und Grundschutz: Der Weg zur Zertifizierung, 3. Auflage. Wiesbaden: Vieweg + Teubner, S. 252.

Recovery Point Objective (RPO): RPO beschreibt den maximal zulässigen Datenverlust, das heißt, wie viel Datenverlust ein Unternehmen in Kauf nehmen kann. Es handelt es sich somit um den Zeitraum, der zwischen zwei Datensicherungen liegen darf. Dies bedeutet im Umkehrschluss, wie viele Daten oder Transaktionen bezüglich der Daten zwischen der letzten Sicherung und dem Systemausfall höchstens verloren gehen dürfen. Sollte kein Datenverlust hinnehmbar sein, wird RPO mit 0 Sekunden festgelegt.

Recovery Site: Standort für den Wiederanlauf und Notbetrieb.

Recovery Time Objective (RTO): RTO beschreibt, wie lange ein System oder ein Geschäftsprozess ausfallen darf. Es handelt sich um die Zeitdauer, die vom Zeitpunkt des Schadens bis zur vollständigen Wiederherstellung der Geschäftsprozesse inklusive der Daten, der dafür notwendigen Systeme und der Infrastruktur sowie einer etwaigen Nachbearbeitung vergehen darf, um die gewohnten Aktivitäten wieder aufnehmen zu können. Bei sofortiger Verfügbarkeit beträgt der Zeitraum 0 Sekunden.

Risiko: Eintrittswahrscheinlichkeit eines Ereignisses multipliziert mit dem möglichen Schadensausmaß.

Scope: Geltungsbereich, bestimmt den Umgang, den das BCM umfassen soll. In der Regel wird der Scoping-Prozess vor der Durchführung einer BIA vorgenommen.

Service Level Agreement (SLA): Eine Dienstleistungs- oder Dienstgütevereinbarung, meist in verschiedene Stufen angeboten, welche zugesicherte Leistungseigenschaften beschreibt.

Single Point Of Failure (SPOF): Einzelne Schwachstelle mit besonderer und entscheidender Bedeutung, die als Vorsichtsmaßnahmen im Rahmen des BCM rechtzeitig und präventiv behoben werden muss.

Time To React: Die Reaktionszeit, die Dritte benötigen, um auf ein Ereignis oder auf einen erteilten Auftrag, der auch zuvor über ein SLA definiert sein kann, zu reagieren.

Wiederanlaufklasse: Betrachtet man in einer Zeitperiode (siehe Kritikalität) mehrere Prozesse, so können diese unterschiedliche Kausalitätsstufen besitzen. Dies bedeutet, dass sie bei einem gleichzeitigen Ausfall unterschiedlich hohe Schäden für die Organisation verursachen. Dies wiederum hat zur Folge, dass man bei Ausfällen in einer bestimmten Periode zuerst die Prozesse wiederherstellen wird, die die höchste Kritikalität besitzen. Die Kritikalitätsstufe bestimmt somit die Reihenfolge der Wiederherstellung von Prozessen. Insofern spricht man statt von Kritikalitätsstufe auch von Wiederanlaufklasse.[219]

Vererbung: Jeder Geschäftsprozess verwendet eine Vielzahl von Ressourcen organisatorischer, personeller und technischer Art. Die Kritikalität eines Geschäftsprozesses vererbt sich in gewisser Weise auf die benötigten Ressourcen. Die Methodik ist vergleichbar mit der Vererbung des Schutzbedarfs beim IT-Grundschutz. Nachdem man dieses Verfahren für alle relevanten Geschäftsprozesse durchgeführt und die vererbten Kritikalitäten miteinander verrechnet hat, besitzt jede Ressource eine eigene Kritikalitätsstufe. Hieran anknüpfend kann man Wiederanlaufpläne für kritische Ressourcen erstellen – aber auch den Bedarf an präventiven Redundanzmaßnahmen erkennen, möglicherweise sogar einheitliche Kontinuitätsstrategien entwickeln.[220]

---

[219] Vgl. Kersten, H./Reuter, J./Schröder, K.-W. (2011): IT-Sicherheitsmanagement nach ISO 27001. und Grundschutz: Der Weg zur Zertifizierung, 3. Auflage. Wiesbaden: Vieweg + Teubner, S. 253.
[220] Vgl. Kersten, H./Reuter, J./Schröder, K.-W. (2011): IT-Sicherheitsmanagement nach ISO 27001 und Grundschutz: Der Weg zur Zertifizierung, 3. Auflage. Wiesbaden: Vieweg + Teubner, S. 253f.

9.2 Aufgaben der IT

Aufgaben der IT im Unternehmen

Eine Leistungsbeschreibung scheint sehr schnell realisierbar zu sein, bei genauerer Betrachtung wird sich diese komplex gestalten. Kritisch ist zu hinterfragen, wo beginnen die Aufgaben und wo enden sie unter Beachtung aktueller Bedürfnisse.

Extern vergebene IT-Aufgaben werden in Service-Level-Agreements innerhalb Dienstleistungs- und Wartungsverträgen geregelt. Intern sind diese meist sehr unscharf definiert, im besten Fall unterstützt durch Stellen- und Funktions-beschreibungen. Noch vor Jahren bestanden die elementaren Aufgaben darin, Updates zu installieren, Server- und PC-Systemen zu warten oder Datensicherungen zu erstellen. Die IT-Abteilungen mussten jedoch ihre Tätigkeiten im Laufe der Zeit stark verändern, anpassen und erweitern. Der IT-Betreuer wird immer mehr zum (Ver-)Mittler zwischen dem Anwender, den Abteilungen und der IT. Die Fachbereiche kritisierten in der Vergangenheit gerne, dass IT-Mitarbeiter nicht verstehen, was die einzelnen Abteilungen im Unternehmen eigentlich wollen. Die technologie- und systembestimmte IT-Abteilung entgegnet meist, dass die Anforderungen zu wenig spezifiziert sind oder die Möglichkeiten der neuen Technik nicht richtig genutzt werden.

Die IT ist eine Grundvoraussetzung für die Wettbewerbsfähigkeit von Unternehmen. Geschäfts- und Produktionsprozesse sind von der IT abhängig. Verfügbarkeit, Sicherheit und Anpassbarkeit der IT-Infrastruktur haben einen hohen Stellenwert. Manche Aufgaben fallen durch IT-Outsourcing, IT-Outtasking oder Verlagern von Daten in die externe Cloud weg. Aber neue Aufgaben kommen hinzu. Die Aufgaben ändern sich periodisch. Für wegfallende Aufgaben gibt es neue Herausforderungen für die IT. Es scheint technisch auch immer wieder eine Wiederholung alter Technologien zu geben. Einmal bewegt sich die IT in die Richtung einer verstärkten Zentralisierung

(Zentralrechnersysteme, Terminalserver, Cloud). Ein anderes Mal bewegt sich die IT wieder in die Richtung dezentralisierter IT-Unterstützung (performante Personal Computer an den Arbeitsplätzen, Datenhaltung inhouse). Bereits seit Anfang dieses Jahrzehnts holen Unternehmen ihre in die Cloud verschobenen Daten wieder zurück in die eigenen vier Wände des Unternehmens. Dies wird im besten Fall durch redundante Datenhaltung in getrennten Brandabschnitten realisiert, um den Anforderungen des Business Continuity Management noch besser gerecht zu werden. Auch Anforderungen an die Compliance und damit verbundene Rechtsrisiken wirken sich auf diese Entscheidungen der Daten-rückholung aus. Es mag durchaus sein, dass große Provider, die sich nur auf das Thema Cloud-Dienstleistungen spezialisieren, meist bessere Möglichkeiten haben, sich vor Hacker-Angriffen oder Trojanern zu schützen. Es sollte dabei jedoch bedacht werden, dass diese Unternehmen für potenzielle Hacker die interessanteren Ziele sind, da bei einem erfolgreichen Angriff gleich der Zugriff auf Daten vieler verschiedener Unternehmen und somit auch auf eine größere Datenmenge möglich ist. Trends und die Umsetzung mittels der IT sind somit vorab kritisch zu betrachten.

Unternehmen können in den gesättigten Märkten aktuell nur erfolgreich handeln, wenn sie die Wünsche der Kunden verstehen und diesen Anforderungen schnell und flexibel mit Unterstützung der IT entsprechen können. Eine optimale Abstimmung zwischen den operativen Bereichen und der IT-Abteilung ist dafür zwingend notwendig. Dies ist auch ein Grund dafür, dass Unternehmen ab einer bestimmten Größe die IT neben dem IT-Management (klassische IT-Leitung) in die Bereiche IT-Organisation und IT-Service aufteilen. Die IT-Organisation befindet sich näher an der eingesetzten Software und den internen betriebswirtschaftlichen Prozessen, der IT-Service stellt dafür die notwendigen Personal Computer, Server, Kommunikation und Netzwerke zur Verfügung. In der Praxis sollte eine Trennung durch exakte Aufgabenverteilung möglich sein.

Der Reifegrad traditioneller Technologien, der wachsende Trend zum Outsourcing und die Tatsache, dass die IT zunehmend alle Unternehmensbereiche durchdringt, führen zwangsläufig zu Anpassungen. Es zeichnet sich eine neue Form von IT-Organisation ab. Diese richtet den Schwerpunkt auf strategische Ziele in den Bereichen Information und Prozesse. Die Aufgabe der IT-Abteilung ist somit das aktive Treiben von Geschäftsprozessoptimierungen entlang der gesamten Wertschöpfungskette. Die Technologie wird strategische und operative Bereiche des Geschäftslebens stärker durchdringen und damit zum zentralen Erfolgsfaktor werden. Deshalb wird der Wertbeitrag der IT zum Geschäftserfolg genauer und kritischer analysiert werden. Erfolgreiche Unternehmen erkennen den Beitrag der IT. Auch die Rolle des IT-Leiters oder IT-Managers wird sich weiterentwickeln müssen. Dieser muss die betriebswirtschaftlichen Hintergründe genau so verstehen können wie die technischen Hintergründe der Informationstechnologie. Falls nicht, so wird es ihm schwerfallen, als Mehrwert einen Beitrag zur strategischen Ausrichtung und Prozessoptimierung eines Unternehmens zu leisten, wenn er vor der Geschäftsleitung seine beabsichtigten Investitionen nicht rechtfertigen kann. Weiterhin muss er sich mehr als in den Jahren zuvor Gedanken darüber machen, wo zukünftige Investitionen in Software, Hardware und Absicherungen zum Schutze der Unternehmensdaten und der Business Continuity sinnvoll sind. Diese sollten in schriftlicher Form jedes Jahr dem Entscheidungsträger vorgebracht werden, um sich im Falle eintretender „worst case"-Szenarien durch einen etwaigen Nachweis schadlos zu halten. Viele Unternehmer freuen sich über eine 99%-Verfügbarkeit der IT. Die 99% Verfügbarkeit können bei genauerer Betrachtung bei einem 7,5-Stundentag rein rechnerisch sehr schnell zu zwölf Arbeitstagen Ausfall werden. Kein Unternehmen kann sich einen solchen Verwaltungs- oder Produktionsausfall leisten. Auch hier ist das IT-Management stärker als je zuvor gefordert, auf derartige Szenarien hinzuweisen und Lösungsmöglichkeiten für den Notfall aufzuzeigen.

Die Rolle der IT in Unternehmen steht vor einem grundsätzlichen Wandel. Wo sich gestern EDV-Abteilungen noch mit ihrem technischen Wissen und der Beherrschung komplexer IT-Architekturen hervortaten, sind heute Werte wie Prozesswissen und Fachkompetenz gefordert. Datenschutz, Risk, Compliance und Governance spielen dabei eine sehr wichtige Rolle. Diese werden häufig als Einheit gesehen. IT-Risikomanagement hat die Erfassung, die Bewertung und die Behandlung von Risiken der IT zum Inhalt. IT-Compliance thematisiert die Einhaltung von Regelungen und Gesetzen.

Das IT-Ressourcen-Management steuert die Einsatzmittel, die Arbeitsteilung und das Personal der IT. Einsatzmittel sind vor allem die technischen Komponenten wie Hardware und Software. Während früher vor allem eigene Mitarbeiter für die hauseigene IT tätig waren, sind heute im Unternehmen auch Angestellte fremder Firmen oder Fachberater in zeitlich begrenzten Projekten unterwegs. Teilweise sind ganze Bereiche in Form von IT-Outtasking oder IT-Outsourcing an andere Firmen ausgelagert.

Das IT-Programm-Management bündelt konkrete Leistungen der IT zu Leistungsbereichen wie der Anwendungsentwicklung, meist dem Bereich IT-Organisation zugeordnet, und dem Netzwerkbetrieb, meist dem Bereich IT-Service zugeordnet. Das IT-Portfolio-Management bewertet die einzelnen Leistungen hinsichtlich ihrer Konformität mit der Gesamtsituation. Somit stellt das IT-Programm-und-Portfolio-Management die Verbindung der IT-Strategie mit der tatsächlichen Leistungserbringung dar.

Neben den genannten Aufgabenbereichen gibt es auch noch weitere Themenfelder, die eine mehr oder weniger hohe Relevanz aufweisen und die dem IT-Management mehr oder weniger zuzuordnen sind. Dazu gehört auch das Management der IT-Architektur. Dieses befasst sich mit der Ausrichtung, Planung und Gestaltung von Informationssystemen zur Unterstützung der IT-Strategie und des IT-Zielszenarios.

Die IT muss anerkannter Prozesspartner im Unternehmen werden und wichtige Beiträge leisten. Sie muss über weit mehr als rein technologisches Wissen verfügen. Der Wert der Kenntnisse um die Abläufe im Unternehmen, von branchen- und fachbereichsspezifischem Wissen und vom Verständnis der Zusammenhänge muss wahrgenommen werden. Gleichzeitig ist ein ausgeprägtes Verständnis für eine Dienstleistung am „internen" Kunden zu entwickeln. Somit steigen auch die Anforderungen bezüglich der Soft Skills, der zurückgezogene Programmierer im stillen Kämmerlein wird immer mehr aus der IT-Landschaft verschwinden.

Durch das allgemein wahrnehmbare Prozesswissen gewinnt die IT-Abteilung an Reputation und macht sich weit weniger austauschbar als in der Rolle des Technologiepartners. Sie wird trotz Unterstützungsfunktion zum unersetzbaren Produktivfaktor.

IT-Leiter sind gefordert, die IT innerhalb Unternehmensstrukturen ihrer Bedeutung angemessen zu positionieren. Die notwendige Integration von IT in die Entwicklung neuer Dienstleistungen, Produkte und Lösungen ist beispielsweise eine der Aufgaben, mit denen sich IT-Abteilungen in Zukunft befassen werden. Um solchen Anforderungen gerecht zu werden, sollten sich prozessorientierte IT-Mitarbeiter als interne Ansprechpartner für die Fachabteilungen positionieren, wenn es um fachspezifische Aufgaben geht. In der Folge muss sie auch notwendiges Feedback einfordern. Einer solchen Verantwortung wird die IT-Abteilung gerecht, wenn sie ihr Prozess- und Branchenwissen mit ihrer IT-Kompetenz zu koppeln versteht. Statt wie heute vor allem Empfänger von Serviceaufgaben und somit „nur" ausführendes Organ zu sein, wird die IT-Abteilung mit eigenen Ideen auf andere Abteilungen zugehen und gemeinsam wertorientierte Lösungen für das Unternehmen finden müssen. Dazu gehören die Analyse, die Konsolidierung und der Innovationsgedanke. Der einfache „never change a running system"-Gedanke vieler IT-Mitarbeiter ist kontraproduktiv. Eine kontinuierliche Betrachtung und ein größtmögliches Verständnis für das Marktumfeld und den Wettbewerb sind zwingend notwendig. Dieses Verständnis bringen die IT-Experten der Zukunft mit, denn diese haben ihre technische Aus- und Weiterbildung oder ihren bisherigen Werdegang in der Informationstechnologie kontinuierlich um betriebswirtschaftliches, rechtliches, prozessorientiertes und branchenspezifisches Wissen zu erweitern.

Das IT-Management, entweder selbst in der Unternehmensführung verankert oder dieser direkt in Form eines IT-Leiters unterstellt, bedient sich der Informationstechnik als Unternehmensressource, welche sowohl die strategischen und operativen Fähigkeiten eines Unternehmens bei der Gestaltung und Entwicklung von Produkten und Dienstleistungen für die maximale Zufriedenheit der Kunden, die Produktivität des Unternehmens, die Rentabilität und Wettbewerbsfähigkeit gewährleistet und somit einen Wertbeitrag zum Unternehmenserfolg beisteuert. Gleichzeitig muss es die mit der IT verbundenen Risiken und Kosten minimieren.

Alle Aufgabenbereiche hängen zusammen und sind nicht ganz überschneidungsfrei voneinander abzugrenzen, jedoch durch Festlegung voneinander zu trennen, damit die Zuständigkeiten klar definiert sind. Im Folgenden eine nicht abschließende Aufzählung einzelner Aufgaben und deren Zuordnung zu den drei Bereichen IT-Management, IT-Organisation und IT-Service im Überblick. Die Zuordnung der Aufgaben kann von Unternehmen zu Unternehmen variieren.

Aufgabe / Beschreibung	IT-Management	IT-Organisation	IT-Service
Ablaufregelung nach ISO-Norm (zum Beispiel Unterstützungsprozesse nach ISO 9001 und ISO/TS 16949)			
Absicherung des Systems gegen technische Störungen und andere Sicherheitsrisiken			
Ansprechpartner für IT-Fragen			
Antragswesen Berechtigung und Umsetzung			
Anwendungsentwicklung/Customizing			
Backup-Lösung und Wiederherstellung			
Beachtung von Rechtsvorschriften			
Benutzerverwaltung und Ordnerstruktur			
Beratung bei der Neubeschaffung und neue Technologien			
Berechtigungskonzept- und Vergabe			
Bereitstellung von Meldemaßnahmen bei Notfällen			
Datengeheimnis und Datenschutz			
Datenverwaltung inklusive Bereitstellung von Mitteln zum Speichern, verändern, Übermitteln, Sperren und Löschen von Daten			
Dokumentation			
Eintritts- und Austrittsprotokoll Personal			
Empfehlung Leasing/Kauf/Miete			
Erstausstattung PC, mobile Geräte			
Ersteinrichtung Hardware und Software			
Hardware-Inventarisierung			
Interne Audits u. Vorbereitung für externe IT-Audits			
IT als Unterstützungsprozess			
IT-Architektur-Management			
IT-Compliancemanagement			
IT-Controlling			
IT-Governance			
IT-Grundschutz			
IT-Konsolidierung			
IT-Koordinationsleistung			
IT-Programmmanagement			

IT-Projektmanagement			
IT-Risikomanagement			
IT-Servicemanagement			
IT-Strategie			
IT-Strukturdokumentation			
Koordination zu externen Dienstleistern, wie z. B. Provider, Hersteller, Drittanbieter Softwareentwickler			
Leitung der jeweiligen Fachabteilungen			
Lizenzverwaltung			
Netzwerkbetrieb			
Organisatorische Einbindung ins Unternehmen			
Prozessanalyse/-optimierung/-dokumentation			
Regelung allg. Umgang mit Computer und Daten			
Regelung Nutzung externer Geräte			
Regelung Umgang mit Mail und Internet			
Ressourcenbereitstellung- und Planung			
Schnittstellen zu Dritten (Datenaustausch/EDI)			
Sicherstellung der Betriebsbereitschaft der EDV-Systeme für einen reibungslosen Arbeitsablauf			
Terminierung, Projektierung			
Ticketsystem			
Unterstützung Datenschutz Vorabkontrolle Software			
Unterstützung der Anwender bei Hardware- und Softwareproblemen			
Unterstützung der Fachabteilungen bei der Optimierung IT-gestützter Abläufe			
Verfügbarkeit			
Vorarbeit/Beschaffung von Hard- und Software			
Vorgabe an Einkauf			
Vorgabe Investitionen			
Zusammenarbeit mit Datenschutzbeauftragten			

10 Quellenverzeichnis

10.1 Literaturverzeichnis

Böhm, M. (2008): Wertbeitrag der IT-Compliance, in: Praxis der Wirtschaftsinformatik, HMD, Heft 263, Hildebrand, K./Meinhardt, S. (Hrsg.). Heidelberg: dpunkt-Verlag

Büschgen, H. E. (1998): Bankbetriebslehre. Bankgeschäfte und Bankmanagement. 5. Auflage. Wiesbaden: Gabler

BCI (2006): British Standards Institute, BS 25999-1:2006: Business Continuity Management.

BSI (2008): IT-Grundschutz-Vorgehensweise, Bundesamt für Sicherheit und Informationstechnik, Version 2.0

BSI (2009): Notfallmanagement: BSI-Standard 100-4 zur Business Continuity. Bundesamt für Sicherheit und Informationstechnik, Köln: Bundesanzeiger

BSI (2011): PAS 200:2011, Crisis Management.: Guidance and good practice.

BSI (2012): Business Continuity Exercises an Tests. Delivering Successful Exercise Programs with ISO 22301. Herausgeber: Jim Preen. 2. Auflage. Wiesbaden: Gabler

Cowan, C./Gaskins, C. (2006): Überwachung von physikalischen Bedrohungen im Datencenter, APC White Paper Nr. 102, S. 1.

CRN (2013): Computer Reseller News: Zu später Sprung über den eigenen Schatten, Nr. 13 vom 28. März 2013, S. 22. Haar b. München: Weka.

CT (2013): Microsoft-Server laufen heiß, aus: Magazin für Computertechnik, Heft 8, 2013, S. 29. Hannover: Heise.

© Springer Fachmedien Wiesbaden GmbH, ein Teil von Springer Nature 2014
S. Spörrer, *Business Continuity Management*, Edition KWV,
https://doi.org/10.1007/978-3-658-23403-4

Deming, W. E. (1997): The Service Profit Chain: How Leading Companies Link Profit and Growth to Loyalty, Satisfaction and Value, New York: The Free Press

Dern, G. (2009): Management von IT-Architekturen: Leitlinien für die Ausrichtung, Planung und Gestaltung von Informationssystemen. 3. Auflage. Wiesbaden: Vieweg + Teubner

Drewitt, T. (2013): ISO22301: A Pocket Guide, S. 21. Cambridgeshire: IT Governance Publishing.

Durst, M. (2007): Wertorientiertes Management von IT-Architekturen. Wiesbaden; Deutscher Universitätsverlag.

Falk, M. (2012): IT-Compliance in der Corporate Governance: Anforderungen und Umsetzung. Wiesbaden: Springer, Gabler.

Fallenstein, D. (2012): Compliance-Klauseln, Compliance-Vertrag und AGB im unternehmerischen Geschäftsverkehr. Köln: Kölner Wissenschaftsverlag.

Füster, K./Rubenschuh, M./Weimer, L. (2006): Information Security Governance. Integration der IT-Sicherheit in die Unternehmensführung, in: ZRFG – Risk, Fraud & Governance, 1/2006, S. 36

Gleißner, W. (2011): Grundlagen des Risikomanagements im Unternehmen. Controlling, Unternehmensstrategie und wertorientiertes Management. 2. Auflage. München: Vahlen.

Goeken, M./Kozlova, E./Johannsen, W. (2012): IT-Governance, a. a. O., S. 1583. Berlin: Springer

Graham, J./Kaye, D. (2006): A Risk Management Approach to Business Continuity: Aligning Business Continuity with Corporate Governance. Brookfield: Rothstein.

Hildebrand, K./Meinhardt, S. (2008): Compliance & Risk Management, in: Praxis der Wirtschaftsinformatik (Hrsg.), HMD, Heft 263, Oktober 2008, Heidelberg: dpunkt-Verlag.

ISO (2011): ISO: DGuide 83

ISO 22301 (2012): ISO 22301:2012(E), International Standard, Social security – Business continuity management systems – Requirements, Erste Version vom 15.05.2012, korrigierte und lizenzierte Version vom 15.06.2012, erworben am 01.01.2013.

Johannsen, W./Goeken, M.(2007): Referenzmodell für IT-Governance: Strategische Effektivität und Effizienz mit COBIT, ITIL & Co., Heidelberg: DPUNKT Verlag.

Junginger, M. (2005): Wertorientierte Steuerung von Risiken im Informationsmanagement, in: Informationsmanagement und Computer Aided Team, Hrsg.: Krcmar, H., Wiesbaden: Deutscher Universitätsverlag-GmbH.

Keller, W. (2012): IT-Unternehmensarchitektur: Von der Geschäftsstrategie zur optimalen IT-Unterstützung, 2. Auflage. Heidelberg: dpunkt-Verlag.

Kersten, H./Reuter, J./Schröder, K.-W. (2011): IT-Sicherheitsmanagement nach ISO 27001 und Grundschutz: Der Weg zur Zertifizierung, 3. Auflage. Wiesbaden: Vieweg + Teubner.

Kollmann, K. (2003): Aktuelle Corporate-Governance-Diskussion in Deutschland, in: Hommelhoff, P./Hopt, K./v. Werder, A. (Hrsg.): Handbuch Corporate Governance. Köln: Schmidt.

Kremers, M. (2002): Risikoübernahme in Industrieunternehmen. Der Value-at-Risk als Steuerungsgröße für das industrielle Risikomanagement, dargestellt am Beispiel des Investitionsrisikos. In: Hölscher, Reinhold [Hrsg.]: Schriftenreihe Finanzmanagement. Band 7. Berlin: Sternenfels.

Kütz, M. (1998): in: Restrukturierung, Sanierung, Insolvenz, Hrsg.: Buth, A. K./Hermanns, M., Handbuch. München: C. H. Beck.

Lorenz, M. (2002): Rechtliche Grundlagen des Risikomanagements. Juristische Rahmenbedingungen für den Aufbau und die Ausgestaltung von Risikomanagementsystemen in deutschen Unternehmen, in: Zeitschrift Risk, Fraud & Governance (ZRFG).

Menzies, C. (2006): Sarbanes-Oxley und Corporate Compliance: Nachhaltigkeit, Optimierung, Integration. Stuttgart: Schäffer-Poeschel.

Meyer, M./Zarnekow, R./Kolbe, L.M. (2003): IT-Governance. Begriff, Status quo und Bedeutung, in: Wirtschaftsinformatik, 45/2003, S. 445.

Musgrave, B./Woodman, P. (2013): Weathering the storm: The 2013 Business Continuity Management Survey. London: CMI.

Müller, B./Viering, G./Ahlemann, F./Riempp, G. (2008): Wertbeitrag der IT-Compliance, in: Praxis der Wirtschaftsinformatik, HMD, Heft 263, Hildebrand, K./Meinhardt, S. (Hrsg.),

Müller-Stewens, G./Lechner, C. (2003): Strategisches Management: Wie strategische Initiativen zum Wandel führen, 2. Auflage, Stuttgart: Schäffer-Poeschel.

Müller, G./Terzidis, O. (2008): IT-Compliance und IT-Governance, DOI 10.1007/s11576-008-0074-5, in: Wirtschaftsinformatik, WI-EDITORIAL, Oktober 2008, Folge 50, Berlin: Springer.

NFPA (2013): NFPA 1600: Standard on Disaster/Emergency Management and Business Continuity Programs, 2007 Edition.

NIST (2010): Contingency Planning Guide for federal Information Systems: NIST Special Publication 800-34 Rev .1 vom 11.11.2010.

NIST (2013): NIST: Computer Security Division, Computer Security Ressource Center.

PECB (2013): ISO 22301 Portal: Societal Security: Business Continuity Management System.

Piaz, J.-M. (2002): Corporate Risk Management, Cash Flow at Risk und Value at Risk. In: Wiedemann, Arnd [Hrsg.]: Competence.Center Finanz- und Bankmanagement. Band 3. 1. Auflage. Frankfurt am Main: Campus.

Porter, M. (1989): Wettbewerbsvorteile (Competitive Advantage). Spitzenleistungen erreichen und behaupten. Sonderausgabe. Frankfurt am Main: Campus.

Reiss, M./Reiss, G. (2010): Praxisbuch: IT-Dokumentation: Betriebshandbuch, Projektdokumentation und Notfallhandbuch im Griff, München: Addison-Wesley.

Romeike, F./Hager, P. (2009): Erfolgsfaktor Risiko-Management 2.0. Methoden, Beispiele, Checklisten. Praxishandbuch für Industrie und Handel. 2. Auflage. Wiesbaden: Gabler.

Romeike, F./Müller-Reichart, M. (2008): Risikomanagement in Versicherungsunternehmen – Grundlagen. Methoden, Checklisten und Implementierung. 2. Auflage, Weinheim.

RWTH (2011): Wertbeitrag der IT, Messen des Wertbeitrags der Unternehmens-IT, S. 12, Mirani, R/Lederer,A. (1998); An Instrument for Assessing the Organizational Benefits of IS Projects. In: Decision Sciences, 29. Jg., 1998, Nr. 4.

Scherer, J. (2012): Good Governance und ganzheitliches strategisches und operatives Management: Die Anreicherung des „unternehmerischen Bauchgefühls" mit Risiko-,Chancen- und Compliancemanagement. Aufsatz in: CCZ (Corporate Compliance Zeitschrift), S.2.

Scherer, J./Mühlbauer, A./Unterwiener, F./u.a., (2007): Den Rücken frei: No risk, much fun! Praxiswissen Risikomanagement und Compliancemanagement. 1. Auflage, Deggendorf: RTW Medien.

Schönbächler, M./Pfister, C. (2011): IT-Architektur: Grundlagen, Konzepte und Umsetzung. Münster: MV-Verlag.

Sharp, J. (2012): The Route Map to Business Continuity Management, S. 104, 2nd Edition, London: BSI

Störing, M. (2013): Zwischen den Stühlen: Admin-Haftung, Rubrik Recht, in Magazin für Computertechnik, Heft 12 vom 21.05.2013.

Theissen, M. R. (2003): Risikomanagement als Herausforderung für die Corporate Governance, in: Betriebs-Berater, Heft 27, S. 1427.

Weber, S. C. (2000): Ausgestaltung des Risikomanagements in mittelständischen Unternehmen, in: Betriebs-Berater, Heft 51, 2000

Wegner, J. (2011): Studie: IT-Wertbeitrag: Messbare Realität oder Illusion, CIO Snapshot, Berlin: BearingPoint.

Weill, P./Ross, Jeanne W.(2004): IT Governance – How To Performers Manage IT Decision Rights for Superior Results, Boston: Harvard Business School Press.

Wieczorek, M./Naujoks, U./Bartellt, B. (2002): Business Continuity, IT Risk Management for international corporations (Hrsg.), Berlin: Springer.

10.2 Verzeichnis der Internetquellen

BCM (2007): ISO Standard für Business Continuity Management,
  Link: http://www.bcm-news.de/2007/12/12/iso-standard-fuer-business-
    continuity-management-veroeffentlicht/,
  zuletzt besucht am 20.05.2013.

BCM (2008): ISO/IEC 24762:2008: Der neue Stanard für ICT Disaster
  Recovery, Link: http://www.bcm-news.de/2008/03/02/isoiec-
  247622008-der-neue-   standard-fuer-ict-disaster-recovery-
  services/,
  zuletzt besucht am 20.05.2013.

BCM (2011): Aus BS 25777 wurde ISO/IEC 27031:2011,
  Link: http://www.bcm-news.de/2011/04/28/aus-bs-25777-wurde-isoiec-
    270312011/,
  zuletzt besucht am 10.05.2013.

BCM Institute (2012): Picture ISO 22301 Interested Parties,
  Link:
  http://www.bcmpedia.org/w/images/7/77/Picture_ISO_22301_Intereste
  d_Parties.jpg,
  zuletzt besucht am 02.07.2013.

BCMnet.CH (2012): Glossar V. 9.0: Business Continuity Management Network Switzerland: BCMnet.CH – The BCI Swiss Chapter, Link:
  http://www.bcifiles.com/GermanEnglishBCMDictionary2012.pdf,
  zuletzt besucht am 09.06.2013.

BDI (2011): Risikomanagement 2.0. Ergebnisse und Empfehlungen aus einer
  Befragung in mittelständischen deutschen Unternehmen,
  Link: http://www.bdi.eu/download_content/ marketing/
  15389_BDI_Risiko_7.pdf,
  zuletzt besucht am 01.06.2013.

BDSG (2013): Bundesdatenschutzgesetz, Bundesministerium der Justiz,
  Link: http://www.gesetze-im-internet.de/bdsg_1990/,
  zuletzt besucht am 01.03.2013.

BSI-Group (2012): ISO 22301 Business Continuity,
Link: http://www.bsigroup.de/Audit-und-Zertifizierung/Managementsysteme/ Standards-und-Systeme/ISO-22301-Business-Continuity/,
zuletzt besucht am 22.04.2013.

BSI (2012a): BSI: Störungen des Geschäftsbetriebs vermeiden.
Link: http://www.bsigroup.de/upload/
PM%20BSI%20BCM%20final_01_07_12.pdf,
zuletzt besucht am 01.06.2013.

Cowan, C./Gaskins, C. (2006): Überwachung von physikalischen Bedrohungen im Datencenter, APC White Paper Nr. 102, S. 1, Link:
http://www.apc-by-schneider-electric.de/_whitepapers/docs/102%20-%20%DCberwachung%20physikalischer%20Gefahren%20in%20Daten
centern.pdf,
zuletzt besucht am 14.05.2013.

DELL (2012): Der Umgang mit veränderten IT-Anforderungen: Ein europäischer Bericht über Server und Storage für Kleinunternehmen,
Link:
http://i.dell.com/sites/doccontent/business/smb/sb360/de/Documents/17
595-Servers-Storage-Report-Feb-2012-PDF-V02-SM-LR-de.pdf,
zuletzt besucht am 27.06.2013.

DQS (2013): Ein Managementprozess für die Ausfallsicherheit: ISO 22301 BCM, Deutsche Gesellschaft zur Zertifizierung von Managementsystemen, S.2, Link: https://de.dqs-ul.com/fileadmin/files/de2013/Files/Standards/Risikomanagement/ISO_22301/DQS_ISO_22301_BCM_Produktblatt.pdf,
zuletzt besucht am 06.05.2013.

DCGK (2012): *Der Deutsche Corporate Governance Kodex*
Link: http://www.corporate-governance-code.de/ger/kodex/1.html,
zuletzt besucht am 15.02.2013.

Elektronikpraxis (2011): Ausfall der IT-Systeme kostet Unternehmen Milliarden, Link: http://www.elektronikpraxis.vogel.de/themen/elektronikmanagement/strategieunternehmensfuehrung/articles/308374, zuletzt besucht am 29.06.2013.

Erben R./Romeike F. (2002): Risk-Management-Informationssysteme: Potenziale einer umfassenden IT-Unterstützung des Risk Managements Link: http://www.risknet.de/fileadmin/template_risknet/dokumente/ RMIS_ Pastors_28032002.pdf, S. 2, zuletzt besucht am 28.02.2013.

Euler Hermes (2006): Wirtschaft Konkret Nr. 414: Ursachen von Insolvenzen: Gründe für Unternehmensinsolvenzen aus der Sicht der Insolvenzverwalter, Link: http://www.zis.uni-mannheim.de/studien/dokumente /ursache_von_insolvenzen/414_wiko.pdf, S. 19, zuletzt besucht am 04.06.2013.

ETSI (2013): What are standards, Link: http://www.etsi.org/standards/what-are-standards, zuletzt besucht am 03.06.2013.

Everbridge (2011): The New Corporate ISO 22301 Standard: What It Takes To Comply, Link: http://de.slideshare.net/everbridge/everbridge-webinar-the-new-corporate-iso-22301-bc-standard, zuletzt besucht am 03.07.2013.

Google (2013): Datenschutzerklärung und Nutzungsbedingung, letzte Änderung vom 27.07.2012. Link: http://www.google.de/intl/de/policies/privacy/, zuletzt besucht am 26.06.2013.

Haufe (2011): Fehlendes Controlling Hauptursache für Insolvenzen, Link: http://www.haufe.de/controlling/controllerpraxis/fehlendes-controlling-hauptursache-fuer-insolvenzen_112_70802.html, zuletzt besucht am 15.04.2013.

Hisolutions (2012): Highlights der ISO 22301:2012: Whitepaper, Link:
http://www.hisolutions.com/DE/Service_Dokumente/HiSolutions_Whit
epaper_ISO_22301.pdf,
zuletzt besucht am 01.06.2013.

ISACA (2012): IT Governance Institute ISACA,COBIT 4.1,
Link: http://www.isaca.org/Knowledge-
Center/cobit/Pages/Downloads.aspx,
zuletzt besucht am 05.01.2013.

IT Audit (2013): Notfallszenario, Definition, http://www.it-
audit.com/glossar/notfallszenario.html,
zuletzt besucht am 15.05.2013.

ISACA (2013): Informations Systems Audit and Control Association,
Link: https://www.isaca.org,
zuletzt besucht am 20.05.2013.

ISO (2011): ISO/IEC 27031:2011: Information technology: Security techniques: Guidelines for information and communication technology
readiness for business continuity,
Link: http://www.iso.org/iso/catalogue_detail?csnumber=44374,
zuletzt besucht 20.04.2013.

Kosutic, D. (2012): ISO 22301 and BS 25999-2: Similarities and Differences
Infographic,
Link: http://www.infosecisland.com/blogview/21465-ISO-22301-and-
BS-25999-2-Similarities-and-Differences-Infographic.html,
zuletzt besucht am 06.07.2013.

Neupart (2013): Webinar vom 03.07.2013: Wie wird sich das kommende
Update der ISO 27001 auf IT-Risiko-Management-Prozesse auswirken?
Link: www.neupart.de,
teilgenommen am 03.07.2013.

Ness, M. (2012): Business Continuity Management (BCM): Reducing Corporate Risk And Exposure Through Effective Processes And Controls Implementations, S. 7.
Link:
https://www.isaca.org/Education/Conferences/Documents/NAISRM-ITGRC-Presentations/231.pdf,
zuletzt besucht am 21.07.2013.

Schmitz, H. (2010): CC2: Ausfall der IT-Systeme – wertvolle Arbeitszeit, Link: http://www.cczwei.de/index.php?id=news&newsid=498, zuletzt besucht am 11.05.2013.

Statista (2013): Anzahl der Unternehmensinsolvenzen in Deutschland von 2000 bis 2012, Quelle: Bürgel, Link:
http://de.statista.com/statistik/daten/studie/75215/umfrage/unternehmen sinsolvenzen-in-deutschland-seit-2000/

Unites States Code (2013): Code of Laws of the United States of America: Title 11: Bankrupty, Link: http://www.law.cornell.edu/uscode/text/11, zuletzt besucht am 29.06.2013.

Wecowi (2011): Am 11.09.2011 in New York: Auch die Befehlsinfrastruktur der New Yorker Feuerwehr (FDNY) wurde durch Trümmerschäden in der Folge des Anschlags zerstört. Link:
http://www.wecowi.de/wiki/Rettungseins%C3%A4tze_am_11._September_2001_in_NYC_am_WTC,
zuletzt besucht am 17.06.2013.

WG DATA-FERRIT (2012): Die Geburtsstunde des neuen ISO-Standards 22301, News vom 21.06.2012. Link:
http://www.wgdata.de/index.php?id=27&tx_ttnews%5Btt_news%5D=23,
zuletzt besucht am 29.06.2013.

Zänker, C. (2011): PAS 200 und Business Continuity Management, in: BCM News vom 28.11.2011, Link: http://www.bcm-news.de/2011/11/28/pas-200-und-business-continuity-management,
zuletzt besucht am 21.04.2013.

Zeit Online (2013): Hochwasserschäden 2013 entlang der Donau: Firmenbesitzer bangen um ihre Existenz, Link:
http://www.zeit.de/wirtschaft/2013-06/hochwasser-donau-mittelstand-
passau-fischerdorf,
zuletzt besucht am 20.06.2103.

The manufacturer's authorised representative in the EU is Springer
Nature Customer Service Centre GmbH, Europaplatz 3, 69115 Heidelberg,
Germany. If you have any concerns regarding our products, please
contact ProductSafety@springernature.com

Printed and bound by CPI Group (UK) Ltd, Croydon, CR0 4YY
23/04/2026
02095646-0004